낙실사수 음수사원

낙실사수 음수사원

초판 1쇄 인쇄일 2019년 04월 05일
초판 1쇄 발행일 2019년 04월 12일

지은이 홍성남
펴낸이 양옥매
디자인 표지혜 송다희

펴낸곳 도서출판 책과나무
출판등록 제2012-000376
주소 서울특별시 마포구 방울내로 79 이노빌딩 302호
대표전화 02.372.1537 **팩스** 02.372.1538
이메일 booknamu2007@naver.com
홈페이지 www.booknamu.com
ISBN 979-11-5776-704-5 (03800)

이 도서의 국립중앙도서관 출판시도서목록(CIP)은 서지정보유통지원 시스템 홈페이지(http://seoji.nl.go.kr)와 국가자료공동목록시스템(http://www.nl.go.kr/kolisnet)에서 이용하실 수 있습니다.
(CIP제어번호 : CIP2019011776)

낙실사수 음수사원

落實思樹 飮水思源

홍성남 지음

책과나무

시인의 말

시집 3권의 시詩들은 저릿한 손길로 쓰이고 고난의 발길에 동행했다. 정치인으로서 2012년 4월 총선에 출마하여 낙선했다. 이어 2014년 4월 지방자치제 선거에서 강북구청장에 나섰지만 실패했다.

이후 하고픈 말은 많아도 들어 줄 사람이 없고, 많은 말을 쏟으려 해도 변명이 될까 싶어 목울대에서 멈춰야 하는 침묵의 시간을 보냈다. 지자제 선거가 끝난 후 막노동 현장을 찾았다. 120일간의 민생 탐방에서 심신을 추슬렀다. 2012년 국회의원 선거 낙선 후 100일간의 택시운전 민생 탐방을 통해 심신을 추슬렀던 것처럼 막노동 현장에서 힘을 얻었다. 이후 150일간 야간경비의 민생 탐방을 했다. 이른바 3D업종의 민생 탐방을 통해 성찰의 시간을 가진 것이다.

말땀에 앞서 손땀과 발땀과 몸땀의 정치, 즉 현장정치 추구라는 신념에 따라 나름 3D업종의 민생 탐방의 시간을 가졌다. 어느 삶인들 주름과 생채기와 아림이 없을 수 없다. 하지만 정치인으로서 발길은 지난한 고행이었고 그 여정은 계속되고 있다.

『인생과 관상』이란 책을 쓴 관상 전문가로서 양적 성질을 눌려야 한다는 스스로의 관사觀事로 항상 누름을 주문하고 실천하려 노력했다. 그러다 보니 시의 내용이 하심과 성찰 그리고 이해와 용납과 허용 등을 묵연히 노래한 내용들이다.

이번 시집은 몇몇 주제를 정해 그 틀에 묶지 않았다. 쓰인 시간도 상관하지 않았다. 순서 없이 나열된 시들을 한 권에 묶었다. 따라서 제목만으로는 내용을 짐작하기 어렵다. 시를 쓴 시인으로서도 읽다 보면 언제 어느 때 어떤 갈피에서 쓰였는지를 알 정도이다.

시인들은 왜 시를 쓰는가. 또 시를 읽는 독자들은 무엇 때문에 읽는가. 나름 답이 있을 것이다. 내게 시는 정화의 눈물이다. 인간의 희로애락은 마음을 수시로 바꾸게 한다. 고요한 물결처럼 감미로운 음악처럼 평정한 마음을 가지려 하지만, 현실은 출렁이는 물결처럼 쿵쾅거리는 음악처럼 시시각각 요동친다.

평정심에 물결이 일면 출렁이고 그 출렁임은 시로 쓰인다. 쓰고 나서 읽고 읽으면서 눈물을 흘린다. 뜨거운 쇠붙이가 찬물에 던져질 때 흐르는 물땀처럼 피식거리며 식는다. 그 비지땀이 마음을 정화시켜 준다.

제3권 시집의 시들은 모두 물땀이며 비지땀이다. 특히 35개의 한강다리에 관한 시는 한강다리 백과사전을 쓰면서 탄생한 시들이다. 한강다리는 단순히 강북과 강남을 건너는 다리가 아니다. 한국 경제 70여 년의 역사를 증언하고 있다. 〈제3한강교〉와 〈비 내리는 영동대교〉 등 한강다리를 예찬한 대중가요들이 적지 않다. '한강다리와 한국경제 70년'이란 대규모 콘서트를 열기 위해 노력했다. 몇 번 될 듯한 고비에서 물굽이를 넘지 못했다. 언제가 될지는 모르지만 그 콘서트를 반드시 만들어 낼 것이다.

시는 느낌이다. 한 권의 시집에 담긴 느낌들을 되살려 보니 그 시들을 있게 한 인연들이 감사하고 고맙다. 언제나 묵묵한 기다림으로 힘을 주는 집사람 현주경과 두 딸 민지와 수지에게도 고마운 마음을 전한다. 그동안 쓰인 시를 정리해 보니 4권과 5권의 분량이 더 있다. 빠른 시일 내에 햇빛을 보길 바라며 함께해 준 인연들을 장무상망長毋相忘 해 본다.

백서제白書齊에서

2019년 4월

백서白書 홍성남洪性南

목 차

한강철교

한강 물길 열린 지 억겁의 세월
한강철교는 한강 최초의 다리로
한반도 대한의 사람들 건너게 했다

널 만들어 내기 위해
한강 모래밭에 수많은 사람들 모여
교통 혁명의 기적 일궈 냈다

이촌동과 노량진동 연결 철도교
처음엔 거센 물결 홀로 받아 냈지만
지금은 A · B · C · D선 형제애 자랑한다

한강의 기적을 잉태한 너는
6 · 25전쟁 참화로 폭파되어 신음했지만
서울 수복 이후 힘찬 생명 되찾았다

A선은 고속열차 새마을호 무궁화호 통근 전철
B선은 인천 수원 천안행 수도권 통근 전동차
C선은 수도권 전철선 화물열차 군용열차 경유

D선 너의 몸은 국철과 전철 혼용선

4개 철로 하루 1,220차례 통행
한국 경제 70년 견인의 몸통
산업화 민주화 건너 선진 통일
제2한강의 기적 향해 달린다

한강대교

최초로 사람과 우마차 다닌 인도교
일제 침탈기 절름거리는 다리 끌며 1917년 준공
중앙차도 4m 좌우측 보도 1m 응급시설
한반도 민간 영업 자동차 통행 첫 신호

작달비 을축년 대홍수에 쓸려 가며
용산 남대문까지 거세게 덮친 물바다
나라 잃은 한민족 시름 지켜봤다

1929년 1백20만 원 거금 도교식渡橋式 준공
1934년 현재 교량으로 공사 시작
교폭 19m 중앙 전차궤도 2열 배치
1937년 준공 타이드 아치형식 교량
연 인원 28만 명 동원 한민족 대공사

한강다리 봤느냐는 서울 명소
동족상잔 6 · 25전쟁 선부른 폭파에
흰 치마 검정 두루마기 눈물 뒤범벅
1958년 준공 단일 공사비 최대 규모

뚝심 현대건설 성장 기틀 다졌다

조국의 근대화 알린 희망찬 서막
쌍둥이 교량으로 탈바꿈한 한강대교
171억 원 공사 모래땅에 쇠파이프 박고
시멘트 모르타르 공법의 최초 공사

남쪽 노량진으로 통하는 관문
용산역 서울역 남대문 잇는 도로선
아치와 석조각 조화의 아름다움
자살대교 상징 한강에나 가라
말 못할 사연 짓눌린 가슴앓이
생명 구하는 일촌대기一寸待己 팻말

오천 년 한강물 묵묵히 받아 내고
폭파에 죽어 간 수많은 원혼 달래며
한강의 기적 이끌어 한민족 배불리 먹인
너는 자애로운 어머니 젖가슴이다

광진교

광나루 뱃길이 다리 길 된 광진교
충주 거쳐 동래 가는 길목이며
원주 지나 동해안으로 가던 뱃길
버스 화물차 발동기선 싣고 떠났다

서울 동부 광장동과 천호동 잇지만
예전엔 양주 총각과 광주 처녀 만나던 곳
한적한 물레방앗간 열뜸과 설렘
세월 지나 걷고 쉬는 관광다리 낳았다

한강의 세 번째 다리로 1934년 착공
길이 1,037m 한강인도교보다 길고
한 세대 동안 후속 다리 없었던 거교巨橋
교통 노후 홍수 재해로 거듭 고쳐지다
1994년 철거되어 역사에 묻혔다

세 번에 걸쳐 확장된 현재의 다리
차량보다 인간 중심 교량으로 탈바꿈
조망 위해 난간 낮추고 나무계단 깐

낭만 발코니 전망대 서울의 퐁네프다리
걷거나 자전거 타며 아리수 즐긴다

민족과 가족의 번영 꿈꾸는 찬란한 야경
광진교 아래 둔치 인라인스케이트장
젊은이의 역동성 고구려 기상 되살리며
잠실로 흐르고 김포 서해 개펄로 뻗쳐
격랑의 물결로 세계를 향해 달린다

양화대교

동상이몽 속에 태어난 양화대교
60년대 경제개발 시작 알리며
마포구 합정동과 영등포구 당산동 잇는
제2한강교로 서울 서부 관문 되었지만
널 바라보는 눈길과 마음은 달랐다

우리 기술과 인력이 만든 최초 다리
6 · 25 상흔에 피난 갈 다리로 반겼으나
당초 목적 군사용이라 전쟁 터지면
너의 용도 군작전용 일반인 접근 원천 봉쇄
서부전선 문산행 물자 수송 더 급하다

광진교 이후 한 세대 뒤 탄생 비밀 그랬다
개통 후 14년 만의 확장 공사 입체시설 개선
제2한강교라 했던 구교에 신교 보태져
구교는 양평동 방향 신교는 합정동 방향
양방향 통행 8차로 새로운 교량 되었다

태어날 때의 동상이몽 또다시 재연

경인운하 한강운하 통행의 교각공사
한쪽은 디귿자로 꼬이며 450억 낭비 말하고
또 한쪽은 배 통과 위한 공사라고 주장
널 바라보는 눈길과 마음 또 다르다

한남대교

한때 너의 이름은 제3한강교
낙실사수落實思樹 음수사원飮水思源 다리
경부고속도로 출발시킨 뿌리이며
한국 경제 견인한 중심축이었다

한강종합개발공사 하며 이름 지을 때
도로명 따라 받은 새 이름 한남대교
제3한강교 노래로 유명세 떨쳤지만
시작은 경제보다 군사 목적이었다

유명한 말죽거리 신화 일으키고
강남 이색지대 만들어 낸 근원이며
땅값 폭등 강남 졸부 양산 원인으로
아무도 예상 못한 비밀의 수수께끼

강남구 신사동과 중구 한남동 잇는
이상한 개통식 대한민국 바꿔 놓았다
아침 부산 점심 서울 저녁 부산서 먹는
1970년 서울 부산 개통 전국일일생활권

영동개발계획 맞춘 개통 강남북 연결하고
나룻배 타던 길 육상교통 길 이룬 대전환
널 따라 들어온 전기와 수도 신도시 개척
도선장 한강나루 상전벽해 그리되었다

촉박한 공사 기간 맞추려 밤낮 공사하며
현장 감독과 소장의 멱살잡이 드세었고
서울시장과 부총리 언성 높였는데
제3한강교 밑이라 하더니 아름다운 야경
여인들과 카메라 셔터 웃음꽃 피운다

마포대교

누구의 덕인지 아는 게 세상 도리인데
한국 정치와 경제 중심지 된 여의도는 아는지
처음부터 오늘이 있는 줄로만 알 것인데
여의도는 마포대교 덕인 줄 알아야 한다

여의도지구 도시 건설에 따라
비행장 외딴 섬 탈바가지 벗고
마포대교 덕에 화려한 공작새 되어
국회의사당 서울 인천 간 서울 부산 간
한강 강변 고속도로 신설되었다

마포와 여의도 잇는 한강상 여섯 번째 다리
제4한강교 이었지만 개통 때 이름은 서울대교
지금은 마포나루와 가로명 마포로 덕에 마포대교
건설 당시 가장 긴 다리로 서울 발전의 대동맥

군사용 아닌 경제용으로 출발한 다리
16억 공사비 국고보조금 받지 않고
여의도지구 택지 강변2로 택지 매각금으로 건설

5 · 16행사 9주년 개통에 맞추느라 밤낮 공사
훗날 잦은 상판 구멍 겨울 공사 탓이었다

사람은 생명 다하면 내생을 기약하지만
마포대교는 예전과 현재가 늘 새롭다
구교 옆에 신교 만들고 구교는 재건설되어
왕복 10차로 미니전망대 설치된 명소 되었다

힘든 삶 내려놓으려는 사람들 마포대교 찾아
절규의 몸짓 여의도 국회 향해 소리친다
자살 방지 CCTV와 문구 즐비하지만
투신자 줄지 않고 새로운 삶 찾아간다

영동대교

광진구 자양동과 강남구 청담동 잇는 다리
일본 회사와 건설용 강재 도입 차관협정
도심의 인구 분산과 영동지구 개발 몫
강남특별구 보니 목적 달성되었다

강남구 영동이라 부른 데서 영동대교
야경 세련미에 강약 조절 가능한 조명 연출
아파트 빛과 어우러진 환상의 빛 창조
비 내리는 다리 홀로 걷는 마음 담았다

묵직한 한강에 놓인 다리 중 럭키세븐
한남대교와 잠실대교 교통량 분산하며
강남개발 초기 강북과 강남 잇는 역할
청담동 삼성동 상업과 주거지역 견인했다

예전 살곶이벌의 살곶이다리 통해
봉은사 선릉 정릉 가려 청숫굴나루 건너고
헌릉 용인 삼전도 광나루 가려 지났는데
그 역사 영동대교는 오롯이 잇고 있다

천호대교

강동구와 송파구 발전 견인한
서울 동부의 관문 천호대교
광진구 광장동 강동구 천호동 잇는
도심과 천호지구 연결 핵심 교량

최초로 100% 국내 자재 사용하여
한국의 기술과 자재 자부심 키워 주고
천호권 교통량 증가 완화시키며
강동지구 개발 촉진시켰다

선배교 광진교 노후 따른 기능
말없이 대체 분담해 주고
후배교 올림픽대교 탄생시키며
이웃 다리의 아픔과 기쁨 함께 나눴다

슬픈 현대사 간직한 천호대교
육영수 여사 피격 사건 이틀 뒤 착공식
기공식에 대통령 상중으로 못 왔지만
효자둥이로 경제 건설에 앞장섰다

잠실대교

청계천 이주 아픔 한강에 씻고
광주대단지 희망 찾아
잠실 개발 촉진하기 위하여
한강상 여덟 번째 다리 되었다

완공 당시 마포대교 이어
두 번째로 긴 다리 되어
서울의 새로운 교통 골격 갖추고
잠실 지역 구획정리사업 견인했다

경제적 가치 충실한 잠실대교
잠실 대단위 주거와 상업지역
위성도시 성남시 생활권 형성
인구 분산 도시 균형 발전 이뤘다

한강상 특이한 부속시설 수중보
한강 수위 일정히 유지하고
취수장 취수난과 바닷물 역류 막아
구조물 노출의 미관 주운 해결했다

살곳이벌 발발굽 잠실벌로 달리며
광진구 자양동과 송파구 신천동 잇고
동1로 송파대로 등 서울 동부 5개간선도로
동시준공 동부지구 개발 촉진했다

성수대교

출근길 아침 무너지는 다리 보며
한강에 성수대교 있는 줄 알았다
상판 50미터 내려앉는 붕괴 참사
여섯 대 차량 49명 탑승 32명 사망
부끄러운 한국 교량사 다시 쓰게 했다

부실공사 대명사 낙인 오명 썼지만
다리 유지 보수 관리 개념 도입하고
한강상 모든 다리 안전 진단 시행하며
서울시 건설안전관리본부 설치했다

성동구 성수동과 강남구 압구정동 연결
영동신도시개발 서울 동부권 발전 도모
부도심 기능 촉진 인구 분산 교통난 해소
70년대 말 한국 경제 건설 현장 지켰다

믿기지 않는 성수대교 붕괴 참사
전면 재시공 상인과 주민 희비 교차
강남 최대 상권 압구정동 상인 울고

교통량 유입 인구 출자 주민들은 웃어

다리 건설이 길 만든다는 걸 보였다

행주대교

국내 최초 강합성 사장교 행주대교
1975년 건설부 주관 전액 국고 건설
김포 의정부 문산 방면 왕래 차량
서울 도심지 경유하지 않고 직행

서울 개화동과 경기도 고양 행주외동 연결
신행주대교는 고양에서 서울 방향
제2신행주대교는 서울에서 고양 방향
구행주대교는 비상도로 활용 후 노후로 철거 예상

상판 작업 마지막 연결 공사하던 날
구조상 문제로 주탑 하나 붕괴 교통난 악화
시설물 안전 관리에 관한 특별법 제정
미관 중시 한강다리 중 최초 조명 설치

붕괴 교각 상판 위 막대한 자재와 장비 수장
재건설에 4년의 세월과 아픔 흐르면서
일산 중동 신도시 건설 교통망 확충 차질 빚었다
붕괴 교량 철거 후 신교량 가설 결정되었지만

외국 설계사 참여로 한국 교량 민낯 드러냈다

잠수교

한강물 바람 따라 흘러가듯
잠수교 태몽 사람 발길 따라왔다
강북 사람 강남고속버스터미널 접근성
한강 물길 높고 낮음 따라 통행 가능성
포격에도 비상 복구 가능한 기능성
잠수교는 냉전시대 안보교였다

용산구 서빙고동과 서초구 반포동 잇는
수많은 국내 다리 중 최초 2층 교량
아래층 잠수교 795m 4차로 1976년 준공
위층 반포대교 1475m 6차로 1982년 준공
파괴 때 빠른 복구 대비 교각 거리 15m

부유물과 물 흐름 위해 난간 없는 다리
한강 중심에 걸어갈 수 있는 다리지만
유람선 길 만들려 롤러코스터 모양으로 성형수술
오른쪽 종단경사 바지선 통과 승개장치
교통 차단 없이 선박 운항 가능케 했다

1,200미터 세계 최초 초대형 교량분수
위층 반포대교의 반포분수가 쏟는 물벼락
웃으며 묵묵히 받아 내는 인고의 잠수교
사람들 허튼 욕심마저 타박치 않고 품는다

성산대교

한강물에 청초히 비친 반달
난간에 척척 널어 걸쳐진 반달
성산대교에선 모두 볼 수 있는데
그대 어느 반달 품고 가는가

난간 반달 구멍 아홉 개 최소 80㎝ 최대 2m
반달의 철제 난간 두께 20㎝
반달형 난간 열여섯 개 구멍은 총 144개
당초 용도는 대포나 총 쏘는 구멍
너 역시 슬프고 아린 역사였구나

마포구 망원동과 영등포구 양평동 잇고
신촌 경유 영등포 경인고속도로 연결
신촌 지역 교통량 김포가도에 이으며
김포공항에서 도심 진입 시간 단축

트러스 공법 건설 반달형 특유 조형미
성산대교 난간 반달은 첫 시험 무대
'더 빨리'에 보태진 '더 아름답게'의 가치

공무원과 미술가 색연필과 붓 들고
반달 그려 내니 서울시장 좋다며 웃어
직선미에 곡선미의 조형미 갖췄다

잠실철교

전동차와 자동차 동시 통행 다리
철교 좌우 소형차 전용 도로교
광진구 구의동과 송파구 신천동 잇는
순환 지하철 2호선 노선상 복선철교

서울에서 동시 통행 처음 시도된 교량
길이 1,270m 교폭 철도 9.2m 차도 4.4m
한강 다리 중 가장 좁은 도로 폭 2차로 8.8m
서쪽은 자전거 전용도로 동쪽은 자동차

한 교각 두 도로 기능과 관리도 두 가지 두 곳
교각과 철도는 서울메트로 도로는 도시기반시설본부
자전거와 보행으로 많은 사람들 찾지만
잠실철교에는 그 흔한 경관 조명도 없다

계절이 바뀌면 환경과 사람이 변하듯
탄생은 서울시 개조 3핵 도시체계였지만
도로교는 자전거와 보행 이용 많아지고
한강변 자전거 하이킹 코스로 각광받으며

잠실과 구의동 주민들 산책길이 되었다

원효대교

한강에서 가장 명쾌한 다리 원효대교
공사비 258억 원 최초 민자 도입 건설
시민들 때 이른 20년 유료 통행 거부
시공사 동아건설 서울시에 기부 체납했다

용산구 원효로4가와 영등포구 여의도동 연결
여의도와 영등포 강북으로 교통량 증가
한강대교와 마포대교 교통량 분산 처리
국내 최초 경간 100m 장대 구조의 미려한 외관
교각과 상판 활시위 당긴 어깨 힘 상징

원효대교 이름 고명한 원효대사 법명
구조적 안전성 아름다운 자연미 다리
80년대 교량의 디자인 패러다임 변화
곡선의 부드럼과 교각의 날렵함 조화

시공사 동아건설 서울시 기부 체납
기업 이윤 사회 환원 모범적인 사례
1983년 2월 1일 0시부터 무료 통행

원효대사 우국충정의 정신 꽃피었다

야경 조형성과 상징성 지닌 교량
현대적 품격 높은 한국 이미지 제고
랜드마크 미래성과 진취성 표현
조형성과 상징성 교량으로 부각
한강유람선과 야간 관광자원 되었다

동작대교

용산구 이촌동과 동작구 동작동 잇는 다리
이웃다리는 운행량 많은 한강대교와 반포대교
한국 최초 도로교와 철도교 병용교량
한강다리 복합교량 중 가장 넓은 교폭

지하철 4호선 통과 지지교 역할하며
과천 제2정부종합청사 영동지구 개발계획 지원
녹물 없는 알루미늄 난간과 조명 효과의 나트륨 가로등
전철교 국내 최초 랭거 아치교와 강판형교

동작대교 한강 나루터 동작진에서 유래
동작대로의 도로 명칭 낳은 동작대교
용산구 서빙고는 얼음 저장하던 서빙고
동작구 동작진은 서울의 관문이자 요충지

철재상자형 동상판 특수도장 반영구적
야경은 하늘과 구름다리 행복한 미래 표현
상판 트러스 파란빛 교각 무지갯빛 사용
산뜻하고 경쾌한 외관 부드럽게 표현했다

반포대교

한국 최초 2층 교량 반포대교
태몽은 강남고속터미널 태동은 잠수교
용산구 서빙고동과 서초구 반포동 이으며
강북 도심의 발길 서초에 옮겨 놓았다

잠수교 놓인 4년 뒤 그 위에 놓여
강남지구 도시개발 촉진 주요 통로로서
서울 부산 간 고속도로 도심부에 연결하며
수도권 전체 교통의 효율성 높였다

건설의 산통 남산3호터널 옥동자 낳아
회현동 반포대교 강남터미널 남부순환도로 연결
긴 시간 40분 짧은 시간 5분으로 단축
한강대교와 한남대교의 교통량도 덜어 주었다

잠수교 캥거루처럼 안고 있는 교량
역동적인 기상과 희망 상징하는 경관 조명
경제적 이유와 군사적 당위성 만족시켜
한국 경제 70년 부흥의 허리 자임했다

당산철교

합정역과 당산역 전철 2호선 전용 철교
영등포구 당산동과 마포구 합정동 잇는
지하철 2호선 전용 길이 1,360m 교폭 10m
남단과 북단의 진출입 램프가 없으며
지하철 통과 한강교량 중 제일 긴 다리

제4차 경제개발5개년계획 기간 중 추진
1980년 착공하여 1983년 준공되었지만
성수대교 붕괴 여파 따른 안전 진단으로
건설 14년 후 설계와 시공 부실로 철거
3년간 공사 내진설계 1등급 교량으로 재개통

한강상 최초로 가설된 중로 트러스 형식
조형미 뛰어나고 긴 경간장의 경쾌한 느낌
경관 조명은 빠르고 안전한 이미지 구현
첨단 신소재의 터널형 방음벽 설치로
다양한 색상의 수려한 미관 자랑한다

노량대교

상식을 깨는 한강다리의 이단아
강북과 강남 연결 도식 거부하고
애국충혼 현충원 영령들의 보살핌 아래
동서로 길게 드러누워 존재 알린다

한강대교 남단에서 동작동 국립묘지 앞까지
올림픽대로상 중심 노량진에서 반포천까지
지형상 도로 확장 어려운 구간에 설치되어
86서울아시아경기대회 88서울올림픽대회 성공시켰다

노들강변에 어울리도록 설계된 장대교량
바쁘다 속도 내면 아차 한강물로 다이빙
김포공항 잠실종합경기장 간 주행 시간 단축
동서로 가로지르는 수없는 교통량 흡수

노량대교 아래 응달 산책길에 피는 얘기꽃
마주 보며 걷는 청춘들은 한강물에 물꽃 피우고
나란히 걷는 중년들은 애석한 맘 전하고
지난 얘기하며 걷는 노년들은 한강로망스 긷는다

동호대교

강남개발 때 민자民資로 시작된 다리
시공사 부도 터지고 서울시가 준공하여
성동구 옥수동과 강남구 압구정동 잇는
지하철 3호선과 공존 상생의 복합교량

장충체육관 금호동 압구정동 도산대로 이으며
강북 도심과 영동 개포 신시가지 바로 연결
중앙에는 3호선 철도교 양쪽에는 인도교
금호대교 이었다가 지명 따라 동호대교 되었다

윗집에는 3.3㎞ 지점 8차선의 성수대교
아랫집에는 1.2㎞ 지점 12차선의 한남대교
경부고속도로와 영동 교통량 도심 직통 가교
교외선 벽제역과 서초와 강북 전철과도 잇는다

붉은빛과 파란빛 야간 조명 태극무늬 연상
두모포 일대 호수처럼 넓은 강 동호東湖
동호독서당 앞 강물 너머 봉은사 문향文香
선비 맞아 시축詩軸 채워 가던 스님 법향法香

흘러가 버린 아리수(한강) 복원 꿈꾼다

서강대교

아름다운 모양새 닐센아치 강상판 서강대교
철새도래지 밤섬 가로지른다는 논란 재우러
인고와 설움의 세월 9년간 잘 견뎌
환경 고려하여 미적 조형물 완성했다

1983년 말 국내 최초 360m 사장교로 출발
뒤늦게 착공한 올림픽대교 준공에 타이틀 양보
1992년 말 아치교 형식 교량 공사로 재개하여
4년 걸친 공사로 1996년 말 6차선으로 개통

여의도동 국회의사당과 마포구 서강동 신촌로 잇는
한강에 스무 번째로 놓인 한 많고 사연 절절한 다리
강북 지역 창전로로 이어지며 강변북로와 연결하고
남쪽은 말 탈 많은 동네 여의도 일주도로 이어진다

교량에 쓰일 수 있는 모든 공법 총동원하여
균형적인 지역 발전 도모하기 위해 건설되어
여의도와 신촌 연결하는 교량 수원과 인천 방향 동맥
경인고속국도와 연결하며 여의도 3분지계 효과 창출

철새 보호 위해 야간 조명도 설치하지 않았다

올림픽대교

교각 없는 사장교 구간 무려 300m
88올림픽 뜻하는 높이 88m 주탑 4개
상판 떠받치는 12가닥씩 케이블 24개
국내 최초 사장교斜張橋 위용을 보라

강동 지역 천호대교 교통량 증가 대비
서울올림픽 영구 기념의 교량 건설
경제와 상징물 결합으로 탄생된 다리
88올림픽 끝난 후 준공되어 아팠다

광진구 구의동 송파구 풍납동 연결
천호대교와 잠실대교 교통량 분산
강남과 강북의 교통 소통에 일조
88서울올림픽대회 기념 위한 다리

국내 최초 케이블 지지 콘크리트 사장교
현상공모 작품 중 당선작 택해
우주 만물 근원 상징 연年월月일日시時
4계절 춘하추동春夏秋冬

4방향 동서남북東西南北 나타냈다

주탑 꼭대기 올림픽 성화 봉화조형물
조형물 이름은 영원한 불
원반 위 500여 개의 파이프 물결 모양 휘감기고
파이프 줄기에 얇은 원반이 매달려
햇빛 반사해 반짝이는 불꽃 모양 연출한다

팔당대교

경기도 하남시 천현동과 남양주시 와부읍 잇는
한강상 맨 동쪽 끝에 놓인 첫 번째 다리
수도권에서 경기도와 강원도로 이어 주고
인근 팔당댐과 팔당유원지 있으며
한강 줄기 즐비하게 늘어선 유원지
여름 휴가철 가을 단풍철 교통난 해소한다

북단 6번 국도와 연결
서쪽 방향은 남양주 덕소 구리 서울로 이어지고
동쪽 방향은 팔당 양수리 양평 가평으로 이어지며
남단 45번 국도와 연결
서쪽 방향은 올림픽대로와 만나 하남시 서울로 연결되고
동쪽 방향으론 경기도 광주로 연결되며
동서 양편 인도로 사람 통행도 가능하다

아름다운 다리 만들기 위해 사용된 특수공법
막판에 상판 무너져 사상자 내는 아픔 겪었다
난간 기대 졸고 있는 팽이버섯 모양의 가로등
실제로는 사용되지 않는 장식물이다

강동대교

너는 상행선 나는 하행선 분리된 다리
한강과 아차산 경관 한눈에 보는 북단 구리타워
사랑도 미움도 묵묵히 흐르는 한강에 흘려보내니
이별과 만남도 상행선 하행선 한길에 깔린다

서울시 강동구 강일동과 경기도 구리시 토평동 이으며
판교 구리 간 고속도로로 기능 중부고속도로 북단 연결
경기도 북부 강원도 춘천 등지와 서울 남쪽 중부권 연결
서울외곽순환도로로 수도권 교통 소통과 물동량 수송

강동대교 너는 몸통으로 서울외곽순환고속도로 만들어
경기도 일산 퇴계원 판교 일산을 원형으로 연결하고
방사형과 순환형 교통체계 구축하여 교통 분산시키며
동부순환 남부순환 북부순환의 3개 도로 거느렸다

너는 한강상의 4차선 콘크리트 도로교로서
하루 8만 대의 자동차를 건네주며
북쪽으로 국토의 실핏줄 46번 국도 잇고
남쪽으론 올림픽대로와 중부고속도로 연결한다

김포대교

도로와 다리는 왼발 오른발과 같아
서울 외곽순환고속도로 계획 따라
교폭이 가장 넓고 길이도 가장 긴 장대교
한강 하류 강남북 잇는 콘크리트 김포대교

다리 아래 수중보는 어머니 젖가슴으로
젖물 폭포로 흘려 한강의 풍요 노래한다
서울외곽순환고속도로 일부로서
수도권과 경기 지역 교통 수요 해결했다

남쪽은 김포 제방도로 가로지르고
북쪽은 고양시 자유로 가로지른다
미관 시공성 좋고 유수 영향 적은 Y형 교각
상부구조와 조화 이루며 건축미 뽐낸다

수중보 설치의 명분과 말 못할 애환
바닷물 올라오는 것 방지하고
올림픽 대비 한강에 유람선 띄울 때
한강 수위 안정적으로 하려는 이유였다

김포대교 수중보는 안보 지킴이로서

한강 하구로 침투하는 간첩 막고

김포 고양 파주 일대 수중보까지의

철조망과 자동소총은 한강 지킨다

청담대교

복합 융합 시대를 상징하는 청담대교
국내 최초 복층교량 아래층 철도교
지하철 7호선 뚝섬유원지역과 청담역 연결
위층 6차선 도로교 남단 수서 분당 간 고속도로 잇고
북단 강변북로와 연결되어 동부간선도로 잇는다

광진구 노유동과 강남구 청담동 연결하지만
사람 통행 허용치 않는 자동차 전용 다리이다
올림픽대로의 수서와 김포 사이 교통량
강변북로로 전환시켜 교통 여건 개선했다

새로운 시각적 느낌 미려한 조형미 추구
한강교량 대표하는 상징물로 우뚝 섰다
도로교 양측단 라인조명 일곱 색깔 연출
수면에 비춰지는 물그림자와 어우러져
밤을 깨우는 도시의 생명력 연출했다

가양대교

낮보다 밤이 더 황홀한 다리 가양대교
세계 최대 높이 분수 낀 환상의 야경미
월드컵축구대회 때 파노라마식 조명 선보여
서울시 건축상 야간경관조명 금상 수상

건설 당시 성수대교 붕괴 사고 영향
공사감리 영국 맥도널드사가 맡아
안전과 품질에 깊이 신경 쓴 공사
강서구 가양동 마포구 상암동 잇는다

서울 서부 지역 남과 북 연결하는 교량
인근 교통량 분산 서울 간선도로망과 연결
상암동 월드컵주경기장 가는 진입 다리
서부 지역 남북 간 연계 균형 발전에 이바지

한강 교량 중 최초로 사통팔달이 가능한 다리
부드러우면서도 단순한 조형미 위주 설계
교량 곡선미 혼합 빛 연출 미래 희망 상징
서울 오가는 이들에게 부드러운 미소 보낸다

방화대교

민간자본유치촉진법 제1호 민자 유치 다리
11개 건설사 민간자본 공동 출자 유료 도로
인천국제공항고속도로 중 서울시 입구에 건설
개화산 봉우리 덕양산 봉우리 이어 세 번째 봉우리

전통사찰과 기와집 처마의 부드런 이미지 도입
이륙하려는 듯한 항공기 연상의 기하학적 형상
강서구 방화동과 경기도 고양시 강매동 연결
방화동과 고양시 방향으로는 진출입 불가능

인천공항까지 중간에 나갈 수 없는 다리
자동차 전용도로 사람의 보도 통행 불가능
인천국제공항과 도심 이어 주는 기능
항공고속화와 육로고속화시대 잇는 중추적 역할

도시경관 상징으로 잠재력 풍부한 교량
밝은 미래 향한 희망 주제로 디자인 표현
아치 트러스 조명시설 비용 한강다리 중 최고
가양대교와 함께 낮보다 밤이 아름다운 다리

아차산대교

광진구 광장동과 구리시 토평동 연결 다리
강변북로 고속화도로와 구리시 이으려
왕복 6차선 강변북로 연장 구간 일부로서
남북이 아닌 동서로 2.5㎞ 길게 누웠다

기다란 강변북로 단절 구간 연결하여
광역 도시고속도로망 튼실히 만들어지고
서울과 경기도 동부 지역 간 소통 원활해져
서울 동부와 경기 북부 지역 균형 발전 당겼다

천호대교와 구리 간 주요 교통로 막힘
광장사거리와 아차성길 만성적 교통정체
너른 한강 벌판 달리던 말발굽 소리처럼
푸른 한강물 보며 시원스럽게 달린다

밤하늘의 미리내 재현한 야경미
부모형제 그리며 꿈꾼 고향 길에
고구려 초병들의 아릿한 눈 밝음으로
아차산성 지키는 원혼의 불꽃 되었다

배알미대교

경기도 하남시 배알미동과 창우동
팔당대교에서 팔당댐까지 잇는
45번 국도 연장 도로인 강변도로상
검단산 바라보며 동서로 드러누운 다리

팔당八堂은 바댕이로 산이 있는 곳
빼어난 전망과 녹지대로 이뤄졌고
쭉쭉 빠지는 시원한 교통의 소통 덕분에
가을날 환상의 드라이브 코스이다

팔당대교 교통체증 인근 도로 교통 혼잡 개선시키고
남양주 양평 경기 동북부 지역 가는 길 숨통 틔웠다
도로변 2.5m 인도와 함께 설치된 자전거도로
수려한 경관 속 달리는 자전거 하이킹 되었다

배알미대교 경관 조명 경기도 내 최초 설치
좁은 강폭이 빚어낸 야경에 나들이객 즐겁다
하남시 배알미동 남양주시 조안면 연결하여
자동차로 몸살 앓은 팔당댐 공도교 쉬었다

일산대교

한강상 다리 중 맨 끝에 자리 잡은 일산대교
민족의 숙원 통일 준비 사명 안고 건설된 다리
고양시 송포동 이산포IC 김포시 걸포동 걸포IC 잇는
왕복 6차선 국지도 98호선의 한강교량이다

5개사가 공동출자한 경기도 내 첫 민자 투자 도로사업
30년 통행료 징수 뒤 경기도에 기부되는 친환경 다리
일산대교 지나면 행주대교 거치지 않고 곧바로
고양 파주에서 김포 강화로 빠져 교통난 해결한다

일산 신도시와 김포 한동네 되게 한 일산대교
경기 서북부와 인천 지역 발전의 견인차 구실
행주대교 김포대교 자유로 교통난 해소 역할
경기 북부 지역 교통 여건으로 탄력받은 개발사업

교량 외벽 색채 눈에 잘 띄지 않는 연두색
야간 조명 시설 없고 교량 장식 시설 거부
소음 줄이려 교량 진출구 양 방면 방음벽 설치
철새 도래지 장항습지 보호하려 친환경 공사했다

마곡대교

거대한 철골 트러스교 마곡대교
회자정리의 건널목 인천국제공항철도
강서구 마곡동과 고양시 현천동 잇는
김포공항과 서울역 사이 한강상의 다리

동북아 관문 인천국제공항 항공 수요 급증
민간 주도 국내 최초 복합적인 철도사업
총투자비 4조 원 초대형 프로젝트
인천국제공항과 서울역 연결 고속전철

가까운 이웃 다리는 가양대교와 양화대교
고장력강 지름 22㎜짜리 볼트 20만 개
70㎜ 두께 H형강 총 19,600톤 철재
공항철도 30년간 운영 뒤 정부에 인도

개방감 만끽 속에 한강 조망하는 상로교
철새 놀랄까 봐 편안한 무채색 선택하고
터널형방음벽 설치 인간과 자연의 조화
아름다운 미관의 열세 개 횃불형 교각

공항철도 세계 수송 물류 허브기능 수행
북한과 중국 시베리아로 이어지는
철의 실크로드 열어 가는 한민족 교두보
해상과 비행 수송보다 뛰어난 경제 효과

구리암사대교

강동구 암사동과 경기도 구리시 연결
상수원 보호구역 내에서 건설된 서울 동부 랜드마크
강재케이슨튜브 공법으로 수질오염 방지
자연과 인간을 잇는 꿈의 다리이다

서울 동북권 도로망 구축 위한 사업
천호대교 올림픽대교 광진교에 집중된 중랑권 교통량 분산
서울 동부 지역의 강 · 남북 직결 도시 균형 발전 도모
구리권과 서울 동남권의 원활한 소통 견인했다

구리시에서 서울 동남부 지역으로 접근성 향상
올림픽대로 강변북로와 연계한 간선도로망 구축
중랑구와 구리시 강동구까지 10분 이내로 단축
강동대교축 망우로축 교통량 감소시켰다

용마터널 민자 1천78억 원 민간투자사업
30년 터널 통행료 징수 뒤 운영권 기부 채납
간결하며 역동적 이미지의 3경간 닐센아치교
동부 지역 떠오르는 태양 연상 이미지 담았다

월드컵대교

한강에 최초 가설되는 비대칭 복합 사장교
마포구 상암동과 영등포구 양화동 연결 다리
서부간선지하도로 민자 사업 구간과 연계된 가교
서울에서 교통 정체가 가장 심한 곳으로 교량

성산대교 교통량 분산 처리 상습 병목 구간 교통체증 해소
강남순환도시고속도로와 연계한 서부 지역 간선도로망 체계 구축
월드컵대교 내부순환로와 서부간선도로 · 공항로 직결
증산로와 서부간선도로를 연결하는 한강상 최대 규모 교량

한강상 교량 최초 양 방향 자전거전용도로
북단에 1개소 남단에 2개소의 회전형 경사로가 설치
홍제천 난지한강공원 안양천 자전거전용도로 네트워크망
한강시민공원 자전거길 남북단 연결했다

월드컵대교 조형 전통과의 만남 마포나루 황포돛대 향수
주탑은 국보2호 원각사지10층 석탑 이미지 상징성 극대화
주탑과 케이블 이미지 학과 청송 전통과 새천년 만남 부각
서울과 새천년 신도시의 관문 상징 새로운 랜드마크

미사대교

서울 춘천 간 고속도로 구간의 미사대교
민자로 건설한 유료 통행의 자동차 전용도로
남양주에서 서울 강남권까지 30분 내 진입
경기도 하남시 미사동 남양주시 삼패동 연결

미사대교 출발지 서울 춘천 간 고속도로
서울외곽순환고속도로 88올림픽도로 중부내륙중앙고속도로 연결
수도권 동북부 교통 비약적인 견인
춘천에서 서울 강동구까지 40분으로 단축
기업들의 원활한 물류 수송에 일대 기여했다

하남시는 미사대교 남양주시는 덕소대교
사람들의 이기심과 욕심으로 지핀 불놀이
작명 놓고 남양주시와 하남시 치열한 경쟁
오랜 세월의 산고 미사대교 옥동자 낳았다

그냥

겁나게 뜨건 눈물이
슬픔의 정화인지
기쁨의 희열인지
그냥 젖는다

곰삭는 세월 통에
절여지는 추억 때문이리라
이유를 묻기도 전에
그냥 흐른다

삶이 그런 것이려니
어리하게 웃어 보지만
눈물은 입가에 짠맛 적시며
느릿느릿 말라 간다

가졌는가

그대는 어떤 친구를 가졌는가
화우花友 추우錘友 손우損友 면붕面朋이면
그대 삶 별로라서 볼 게 없고
쟁우諍友 지우地友 산우山友이면
차꽃 피는 차담 나눌 만하지

그대는 누구의 붕우朋友가 된 적 있는가
붕朋은 동문同門으로 함께 공부한 벗이고
우友는 동지同志로서 뜻을 함께하는 벗이라네
스승이 같으면 붕朋이고 뜻이 같으면 우友라 하지

화우花友는 자기 좋을 때만 찾는 꽃이고
면우面友는 겉과 다르게 속은 따로이며
손우損友는 손해만 끼치는 친구이고
추우錘友는 저울추 모양 움직이는 벗이네

산우山友는 넉넉하여 안식처 같은 꽃이며
지우地友는 변함없어 한결같은 친구이고
쟁우諍友는 진정한 충고를 해 주는 벗이며

익우益友는 도움 되고 도움 주는 꽃이고
외우畏友는 학식과 수준이 뛰어난 친구이네

큰사람은 쟁언칠인諍言七人의 조력助力
난사람은 쟁언오인諍言五人의 협력協力
된 사람은 쟁언삼인諍言三人의 부역赴役
선비는 쟁언일인諍言一人의 쟁우諍友
부모는 쟁언일인諍言一人의 쟁자諍子
실패한 삶에는 화우 면우 손우 추우가 들끓고
성공한 인생에는 산우 지우 쟁우 외우가 있네

목숨 걸고라도 지켜 주는 문경교刎經交 찾는 그대
성공과 실패는 쟁우가 있고 없음에 있으니
세이洗耳 후 경청하고 손땀 발땀 몸땀 흘려
산우 지우 쟁우 외우 먼저 되는 게 좋겠네

강 너머

나와 그대 사이
묵연히[1] 흐르는
무릿한[2] 강

늘늘이 걷지만
그대와 내 발길
겉강과 속강 같네

강 너머 봄빛
우릴 향해
반가이 맞으려는데

- 註

강 너머에 무엇이 있을까. 우리의 삶은 늘 강 너머 봄빛을 좇는다. 이 강만 넘으면 언덕에 핀 아롱에 취해 하늘을 볼 수 있을 것으로 믿는다. 그

---

1 묵연히: 잠잠히 말이 없이.
2 무릿한: 여리게 쪽 빠진.

런데 삶은 그 소망을 쉽게 허락하지 않는다. 줄 듯 내민 손 거두고 또다시 강 건너오라 한다. 그게 인생인지 모른다. 함께 건너자던 동족同足은 심연의 강 앞에서 두 줄기 강물처럼 이족異足 되니 인생은 홀로 물비늘 타고 강 너머 꿈 찾아가는 것 같다.

거부拒否

넌 누구에게나
환영받지 못한 알레르기
이해와 관용 앞에선
더욱 그렇다

거부하지 않는 언행이
때깔 나는 삶이란 망태기에
갇혀 지내다 보니

제 맘 제 행동대로의 꼴새
더 늦기 전에 거부해 보니
똥 뀐 놈 성내듯 한다

- 註

소이부답笑而不答하며 지내다 보니 상대는 자기 생각대로 행동한다. 소이부답이 세 번을 넘어가면 상대는 자기 생각과 자기 행동이 맞는 것으로 안다. 당연지사當然之事로 말하는 것을 보면서 더 이상은 안 되겠다는 생각에서 아니란 말을 하려 하니 화부터 내고 덤빈다.

당나라 시인 이백의 「산중문답山中問答」이란 시를 읊어 본다.

"問余何事栖碧山문여하사서벽산

笑而不答心自閑소이부답심자한

桃花流水杳然去도화유수묘연거

別有天地非人間별유천지비인간"

무슨 까닭에 푸른 산에 사느냐 묻는다면

말없이 웃겠지만 마음은 스스로 한가롭기만 하네

복숭아꽃 물 따라 멀리 흘러가는 곳

다른 세상이로되 인간사는 곳은 아니네

건널목

기적 소리 들리고
신호등 울리면 누구나
발길 떼 철둑 건넌다

산다는 건 건널목
기적 소리는 어제의 추억
신호등은 오늘의 과제
추억 접고 과제 맞으리라

내 맘 내 언행은 추억
그대 맘과 행동은 과제
우리네 삶은 건널목 앞에서
멈칫하는 순간이다

- 註

삶은 흐름이다. 어제는 과거로서 추억이며 오늘은 현실로서 극복해야 할 과제이다. 추억은 흘려보내야 비움이 있고 과제는 맞아야 채움이 있다. 인생은 비움과 채움의 반복이다. 추억과 과제는 공존하기 어렵다.

공간이 부족하기 때문이다. 따라서 건널목 건너듯 선택의 순간에는 훌쩍 건너야 한다. 건넌 이후에는 추억을 부르지 않아야 한다. 추억과 함께 놀다 보면 과제를 이행할 수 없다.

공간

내 집
내 자동차
내 직장
산다는 건 공간 차지이다

집 없는 설움 겪고
버스와 지하철에서 숨 막혀 보고
일자리 없어 비실비실 놀아 보면
공간이 뭔지 안다

공간 늘리려
이해와 용납의 몸짓으로
타협에 순응하며
오늘도 싸운다

공짜 점심

어쩌면 천륜까지도
그럴지 모릅니다
공짜 점심 없다는 거

누가 밥 먹자 하면
줄 수 있는 게
무얼까부터 생각합니다

정성 가득한 밥 한 그릇
날로 먹을 수 없는 게
우리네 삶이기에

사는 이는 공짜이지만
먹는 이는 부채이기에
갚을 밥값부터 계산합니다

- 註

도식圖式이 판을 치는 세상이다. 여지가 줄고 있다. 내 생각이나 행동과 다르면 너는 너 나는 나라는 길로만 과속한다.

“子曰자왈 三人行必有我師焉삼인행필유아사언 擇其善者而從之택기선자이종지 其不善者而改之기불선자이개지”(『논어論語』「술이편述而篇」) 할 생각은 하지 않는다. 마음에 여유가 없기 때문이다.

우리를 슬프게 하는 갑을의 관점도 바로 여기에서 출발한다. 갑을의 관계는 어떤 관계이든 성립되고 바탕에 깔리는 개념이다. 부모와 자식 관계인 천륜도, 한 이불 덮는 부부 사이도, 어머니의 젖을 나눠 먹고 자란 형제간에도 예외일 수 없다. 다만 표현 여부와 부채감의 차이이고 사랑이란 감정의 묽고 깊은 정도일 뿐이다.

경비원이란 직업이 우리 사회에 갑을 관점에서 문제로 불거졌다. 을의 입장인 경비원의 보람과 슬픔이 무엇인지 몸땀으로 알기 위해 요즘 야간경비원으로 근무한다. 4개월째 접어들고 있다. 보직에 따라 차이가 있을 뿐 군복 자체는 고생스럽고 외롭듯이 경비원 또한 근무 환경에 따라 몸 고생의 차이는 있지만 본질은 다르지 않다.

경비원으로 근무하는 곳에 마라톤을 하는 70대 초반의 형님이 시골에서 올라오셨다. 평범하지 않는 삶을 살고 계신 분이다. 근무 현장에서 하룻밤을 함께 지내다 새벽에 가셨다. 오랜만에 많은 이야기를 나눴다. “성남아, 내 인생 70년을 살아 보니 세상에 고마운 사람이 둘 있더라. 하나는 말을 잘 들어 주는 사람이고 또 하는 밥 사 주는 사람이더라.”

나름 거침없이 살아왔고 현재도 그렇게 살고 있는 형님의 말씀이 무슨 뜻인지 몰라 열심히 들었다. “너는 사람의 말을 참 잘 들어 준다. 그리고 네가 국회의원 선거에 떨어진 후 찾아갔을 때 몇 번 점심을 샀다. 그때 말은 안 했지만 너의 형편이 어떠한지 잘 알았다. 그런데도 웃으며 밥 사는 모습이 참 좋았다. 늘 잊지 않고 지켜보며 기도하고 있다."

순간 매우 송구했다. 3년이란 세월이 흐른 탓도 있겠지만, 잊고 살아온 아니 의식하지 못하고 살아왔는데, 그 형님은 행여 불민한 동생이 초심을 잃고 헤이해진 마음과 헝클어진 행동으로 살고 있지 않는지를 자신의 인생 교훈을 통해 점검해 주셨다.

'세상에 공짜 점심은 없다'라는 그 형님의 말씀이 「공짜 점심」이란 시를 쓰게 했다. 세상에 공짜 점심은 많은 것 같다. 문제는 공짜로 먹어서는 안 된다는 것이다. 공짜 점심에는 관계의 깊음이 없고 감동이 없으며 상생이 없기 때문이다.

과제

세상사 역지사지하면
이해[1] 못할 일 없는데도
나를 버리지 못했습니다

날 버려 비움 경지 맞으니
용납[2]의 문 스르르 열려
아름다운 세상 보였습니다

견고한 이해의 벽 넘고
용납의 강물 타고 흘러도
남는 과제는 허용[3]입니다

- 註

이해와 용납 그리고 허용에 대해 늘 생각한다. 우리는 일상에서 이해 못할 일이며 사람이라는 말을 자주 한다. 그 출발은 나와 다름이다. 하지

---

1 이해(理解): 사리를 분별하여 해석함. 깨달아 앎. 잘 알아서 받아들임.
2 용납(容納): 너그러운 마음으로 남의 말이나 행동을 받아들임.
3 허용(許容): 허락하여 너그럽게 받아들임.

만 내가 아닌 상대의 입장에서 보면 세상사 이해 못할 일은 없다. 그다음은 용납이다. 상대의 말과 행동을 너그러운 마음으로 받아들이는 것이다. 이해의 강물도 타기 어렵지만 용납의 산을 넘기는 더욱더 어렵다. 마지막에는 허락하여 너그럽게 받아들이는 허용이다. 이해하고 용납하여 허용까지 해야 하는데 우리의 삶은 이해의 단계에서 허우적거리다 용납과 허용은 과제로 남겨 두고 가는 것 같다.

관상

한 번의 입놀림
구덕口德으로 은인 되고
구적口敵으로 원수 되어
등 돌리며 간다

한 번의 눈짓
가는 마음 붙잡고
오는 마음 내쳐
벽을 쌓는다

관상觀相 불여심상不如心相
입에 달고 살지만
때가 되면 불거지는 기질
어쩌지 못한다

- 註

둘이 싸운다. 누군가 지켜본다. 싸움꾼은 서로 상대방이 잘못했다고 말한다. 구경꾼의 눈에는 싸우는 두 사람을 저울로 달면 똑같은 근수다.

근수가 다르면 싸움이 되지 않는다. 어떤 싸움을 지켜보니 그랬다. 싸움이 잦아들자 그들이 싸운 근본 원인이 무엇일까를 생각해 봤다. 근본은 기질의 차이다. 각자 지닌 기질이 다른데 정작 자기의 기질을 모르고 평생 수행해 왔으니 관상 불여심상이 되었다고 착각하며 산다. 그러나 기질 진단이 없는 수행은 결정적인 순간에 성질이 제어되지 않는다. 원초적 기질이 터지면서 싸움이 된다. 『인생과 관상』이란 관상 책을 쓴 이후 강의와 관사를 해 보지만 사람들은 관상을 터부시한다. 기질 파악은 심상으로 가는 길목의 전제조건이라는 것을 알면 좋겠다.

관점

어떻게 보세요
관점의 차이를 묻는 말
쉽고도 어려운 것이다

내 맘 내 행동과 다름을
전제로 물어 오는 말이라서
더욱더 그렇다

내 대답은
긍정과 부정으로 갈리는
이별의 쌍곡선이 된다

관점의 크기는
이해와 용납 그리고 허용을
가르는 칼질이다

- 註

'난 관심 없다'는 터부의 판에서 우리의 정치와 정치인은 늘 몰매를 맞는다. 하루라도 맞지 않는 날이 없다. 국민들은 항상 홍두깨를 들고 있다. 매를 맞는 사람만 다르지 늘 같은 현상이 되풀이된다. 한쪽에서는 흠씬 두들겨 패 주라며 열을 낸다. 또 한편에서는 그리 맞을 일도 아니니 생트집 그만 잡으라고 두둔한다. 그러다 어떤 때는 배짱이 맞아 함께 오뉴월 개 패듯이 신나게 팬다. 요즘 국회의원 수 늘리는 문제에 국민들은 칼 들고 지켜보고 있다. 여차하면 그 칼에 여럿 도륙 날 것 같다.

궁합

그대 맘과 행동
내 맘 행동과 같아
눈빛으로 말하며
웃는 게 궁합

손뼉 치듯
입맞춤하듯
척척 맞아 돌아가는
갈래머리 같은 인연

그대는 꽃술
나는 꽃잎
우리는 꽃받침
둘이 하나인 게 궁합

그대 배려
나의 하심
상생으로 이끄는
궁합의 젖줄

- 註

마음이 잘 맞는 사람과의 관계를 궁합이 잘 맞는다고 한다. 궁합宮合은 집을 합한다는 뜻이다. 대인관계에서는 내 집과 상대의 집을 합하는 것이다. 사람은 나름의 집을 지어 간다. 크기도 모양도 색깔도 다르다. 따라서 서로의 집을 합하는 일은 쉽지 않다. 크기도 맞추고 모양도 같게 하며 색깔도 같은 색으로 칠해야 하기 때문이다.

합하는데 선행조건은 하심과 배려이다. 상대의 집에 내 집을 맞추는 것이다. 크기와 모양과 색깔이 같아 쉽게 맞춰지는 집이 있는 반면에 도저히 맞춰지기 어려운 집이 있다. 하지만 사람이 하는 일인데 더구나 사람과 사람이 궁합을 맞추는 일인데 못 맞출 집은 없다.

우리는 선남선녀를 맞출 때 궁합을 봐 준다. 아주 잘 맞는 궁합을 '찰떡궁합'이라고 한다. 찰떡궁합은 행복한 만남이다. 그러나 세상에 찰떡궁합은 그렇게 많지 않다.

하물며 은생어해恩生於害 해생어은害生於恩의 인간관계는 말해 무엇 하겠는가. 영원한 은과 영원한 해란 있을 수 없는 게 우리의 삶이다. 내 집을 뒤로 물리고 상대의 집을 받아들이는 것이 궁합의 요체이다. 그 작업이 선행되지 않으면 타고난 기질의 근저에서 머물다 맞지 않는 궁합으로 서로가 상처 주고 상처받는 삶을 살다 가게 된다.

기만 1

살다 보니
사노라니
어찌하다 보니
거짓말했습니다
용서가 됩니다

속이는 줄 알면서
타성에 젖은 환각 속에
달콤한 말로 유혹합니다
기만입니다
용서가 안 됩니다

거짓말은 잘못인 줄 알기에
용서가 되지만
기만은 잘못인 줄 모르기에
용서가 안 됩니다

- 註

모두가 다 아는데 정작 당사자만 모른 채 무엇인 척한다. 그것을 우리는 기만이라고 한다. 시작과 끝을 뻔히 알면서도 속이는 것은 기만이다. 기만하는 사람은 자신이 잘났다는 우쭐함에 취하겠지만 당하는 사람은 분노에 몸을 떤다.

기만 2

현란한 휘장 아래
깔아 놓은 좌판
때깔은 순수만물상
분칠된 미끼 상품에
혹하고 달려들었다

믿었던 동지의 기만
분노에 잠 못 이루고
생채기 아물리지 못해
새벽꿈 밀치며
빈 들로 향한다

거짓은 용납되지만
기만은 이해할 수 없어
내 맘과 동지의 마음
잴그락 소리
오랫동안 그치지 않는다

까칠

알 듯해 그런갑다 하면서도
목에 걸린 가시 같은 게
까칠한 언행입니다

역지사지로 가자면서도
못내 특특 걸림에
자꾸 뒤돌아봅니다

내 볼 내 입 같지 않아도
존경 사랑 감사의 마음으로
섬기면 풀릴 날 있겠지요

나이

고희에 첫 전람회 산수傘壽에 파리 활동
한평생 느릿느릿 그림 그려 온 원로 화가
불쑥 찾아온 82세 제자 맞아 던진 한마디
벗겨진 머릴 보고 주름살 하나도 없느냐고
나이 물으며 참 좋은 나이라 말했다

두 해 지나면 하늘이 내려 준 나이 상수上壽
송구한 질문에 제자는 쩔쩔매며 대답했다
스승은 80대에 중요한 일이 많았지라며
지난날 영광과 추억의 콩깍지 눌러 까며
당신의 삶 한 폭의 추상화로 그려 낸다

세월의 풍상 참빗으로 빗어 온 스승과 제자
스승의 눈에 비친 제자는 항상 고만한 그때
제자의 마음에 깃든 스승은 언제나 그 모습
서로 넓어진 이마와 성겨진 머릿결 보면서
첫 만남 그 마음 그 시절에서 활짝 웃는다

나이는 세월이고 세월은 비 씻김 청솔인데

생각하지 않았던 조국의 제자 뜻밖의 찾음에
스승은 다시 옛날로 돌아가 한마디 건넨다
우리는 무엇을 하든 철저하게 살아야 하고
적극적으로 사랑해야 한다며 또다시 가르친다

- 註

한국 단색화 전시를 위해 미국 로스앤젤레스를 찾은 82세의 정상화 화가는 타계한 줄로 알았던 스승이 그곳의 아파트에 혼자 살며 그림을 그린다는 소식을 듣고 스승을 찾았다. 98세로서 현역 최고령 화가인 김병기 화가는 제자의 나이를 물으며 '참 좋은 나이'라고 말했다.
스승의 눈에 비친 제자는 그렇게 보였다. 마치 옛날 졸수卒壽(90세)의 아버지가 고희古稀(70세)의 아들과 함께 버스를 탄 후 자신의 것은 온차비를 아들 것은 반차비를 내니 운전사가 "할아버지, 왜 한 사람은 반차비를 내느냐"고 물으면서 "온차비를 내라"고 하자 졸수의 할아버지가 고희의 아들을 가리키며 "쟤는 우리 애야"라고 했던 유머의 이야기와 같다. 자식을 보는 부모의 마음과 제자를 보는 스승의 마음은 그렇게 같은 것 같다.
91세의 우리 어머니도 그렇다. 전화를 드리던 찾아뵙던 첫마디가 "밥 먹었는가"이다. 지천명知天命을 넘긴 막내아들이 어머니의 마음에는 때 거르지 않고 밥 먹고 다니는지가 제일 큰 걱정이신 것 같다. 하긴 나도 그렇다. 방년芳年을 넘긴 두 딸에게 던지는 첫마디는 언제나 "밥 먹었냐"이다. 그래서 부모와 스승은 일체라고 하는 것 같다

내리사랑

갈잎 떨게 한 바람
갈잎에 대한 내리사랑
흐르는 강물 되어
그윽한 눈길로 흐른다

암 투병 누부의 가을걷이
고구마와 먹감 그리고 알밤
막내의 먹먹한 마음
나직한 눈물로 흐른다

강물이 밑으로 흐르듯
눈물이 아래로 떨궈지듯
바람과 누부의 내리사랑
그윽이 나직이 울린다

- 註

3남3녀 중 막내인 내게 막내누부의 정은 각별하다. 큰누부, 둘째 누부, 큰형, 막내누부, 그리고 둘째 형 등 형제들로부터 지금까지 넘치는 사랑을 받고 있다. 내리사랑이었다. 언론을 하는 정치를 하는 막내가 그것 대신 다른 것을 하면 더 잘할 수 있고 성공했을 것이라면서 응원하며 도움을 줬다.

엊그제 막내누부가 정읍의 시골집에서 서울집으로 오셨다. 병원에 가기 위해서였다. 정기검진 결과 가을걷이 때문인지 무리한 부분이 있었다는 진단이었다. 누부는 암 투병 과정에서 건강을 위해 밭작물 몇 가지를 심고 가꾸었다. 곱던 얼굴이 시골 아낙의 얼굴이 되었다. 건강이 회복되는 표시이기도 했지만 무리가 있었다는 말에 가슴이 덜컥했다. 삐져나오는 눈물을 우적우적 먹은 먹감으로 감추고 서둘러 나왔지만 죄스런 마음이 한없이 깊게 잦아들었다.

국회의원 선거 때 물심양면으로 그리고 구청장 선거 출마 때도 병원비이었을 뭉칫돈을 내주셨다. 정치에 미치면 그것만 생각한다더니 내가 그 꼴이었다. 밀치지 못하고 받았다. 지천명을 넘긴 나이건만 철이 들려면 아직 먼 것 같다. "누부가 고구마 한 박스 싸 놓았으니 가져가라."는 엊저녁 노모의 말씀이 스산한 가을 아침에 눈물을 한없이 흐르게 하면서 누부의 사랑을 「내리사랑」이란 시로 쓰게 했다.

널판 잔치

언제부턴가 우리는
억지웃음 피워 내더니
일부러 하는 척하는
세상을 만들었다

작은 맘과 행동도
큰맘과 큰 행위인 양
공갈호떡 만들려고
발버둥치고 있다

봉사 깃발 아래
적선지가積善之家 필유유경必有有慶
부선지가不善之家 필유여앙必有餘殃
널판 잔치 벌인다

놀이

아우성
몸싸움
욕지거리
땅따먹기 놀이다

주인은 말 없는데
손님들만 지지고 볶고
말 땀 흘리며
한바탕 놀다 간다

변치 않는 그 자리
소이부답笑而不答
변덕스런 그 자리
앙천대소仰天大笑

누부 홍어탕

마포숯불갈비집 누부의 홍어탕
주머니 가벼운 이들의 보금자리
수국 꽃은 인정의 뜨락에서 피고
감초로운 홍어 향은 막걸리 부른다

한 접시의 넉넉한 홍어애
목울대 부드러이 얼리며
서리서리 쌓인 울분덩이
감미롭게 감싸 녹인다

미리 알아 챙기는 그 맘
헤아리려는 시인 정치인
막걸리잔 휘휘 젓고 나니
느릿한 고갯짓 이어진다

입은 옷 색깔 가리지 않고
주리주리 토하는 말 반기는
넓은 문평뜰의 넉넉한 웃음
편한 세상 열란 기대이다

임이여

어느 길로 왔는가
먼저 나선 길에서
보지 못했는데
다시 떠나온 길목에서
청초히 만난 그대

바라만 봐야 하는 열뜸
쳐다만 봐야 하는 설렘
무릇한 상사화 인연
백리향 사랑

맑은 눈으로
밝은 마음으로
청결한 몸으로
한마음 한 몸 되어
토닥이는 임이여

다관 뚜껑

찻잔 다관 숙우 차통
3인 다기 5인 다기
따갈스레[1] 피는 소담꽃
홀로 남겨진 다관 뚜껑
외로이 눈물꽃 떨구네

몸통 조절조절 깨지고
물대롱 똑 떨어질 때
갈 곳도 갈 길도 잃은
연화문 하얀 다관 뚜껑

지난날 다관의 열뜸
온몸으로 내리 누르고
입술 보들이는[2] 차향 피워
차인 사랑 듬뿍 받았는데
찻찬장 모롱이 지키네

---

1 따갈스레: 따뜻하면서도 담백하다는 의미로 사용.
2 보들이는: 부드럽게 간질인다는 의미로 사용.

- 註

오랜만에 찻찬장을 정리했다. 먼지를 털고 닦아 내기보다 하나씩 물로 씻으러 담았다. 부산했고 헝클어진 마음의 모양을 바로잡으려 했던지 따뜻한 물에 씻기는 차도구들이 매우 정갈했다. 물기를 닦아 찬장에 올려놓는데 갈 곳 잃은 다관 뚜껑 하나가 손에 집혔다.

올봄 어느 손님이 부주의로 깬 다관의 뚜껑이었다. 손에 꼭 잘 맞아 아끼며 쓰던 연화문 백자 다관이었다. 물대롱 안에 낀 찻물로 볼 때 다향을 어지간히 피워 낸 녀석이었다.

마음이 너무 아팠다. 순간 손도 허전했다. 다른 다관에 차를 우렸지만 맛이 나질 않았다. 마음을 온전히 쏟지 않은 채 우리는 차 맛은 그저 밍밍할 뿐이다.

얹힐 몸통이 없는 다관 뚜껑을 보니 짝을 찾지 못한 인연들이 생각났다. 때가 되면 짝을 찾아 소담꽃 피워야 하는데 우리 사회는 잘못된 제도와 인식으로 인해 짝 잃은 다관 뚜껑이 너무도 많다. 스산한 늦가을이 혹풍의 겨울을 몰고 오기 전에 짝들을 찾았으면 좋겠다.

달구비[1]

어젯밤 듣고 잔 빗소리
새벽녘 날 깨워
창밖으로 흘립니다

후덥지근함이 그 소리
들을 것이라 말했지만
달구비 소리 좋습니다

삶이 지친다는 임의 아픔
며칠간 온다는 여름 약비[2]에
말끔히 씻기길 바랍니다

---

1 달구비: 달구(땅 다지는 데 쓰이는 쇳덩이나 둥근 나무토막)로 짓누르는 듯 거세게 내리는 비.

2 약비: 요긴한 때에 내리는 비.

대화

너와 나 한마디씩
언어와 몸짓 달라도
나란나란히 걷는 길

앞서가도 그렇고
뒤따라도 그렇고
도란도란 이야기 길
끊이지 않는 웃음꽃

내 말 누른 자리
너의 말 일으키는
맘뜰 풀치는 뜨락

- 註

모임 때마다 느낀다. 고쳐 줄 방법이 무엇인지를 찾는다. 방법은 있다. 문제는 시간이다. 고쳐야 할 것은 대화를 나눌 줄 모르는 것이다. 상대방 말 자르고 자기 말하기, 자기 말만 너무 길게 하기, 다른 사람이 말할 기회 뺏어 혼자서 계속 말하기, 상대방 말은 틀리다고 묵살하기,

장소와 때를 고려하지 않고 싸우듯이 큰소리로 말하기, 핵심이 뭔지 모르게 중언부언 말하기, 주제를 벗어나 엉뚱하게 말하기 등 대화와 토론이 뭔지를 모르고 말하는 사람들이 있다.

대화는 때와 상황에 따라 말의 횟수와 강도와 길이를 조절해야 원만한 대화가 이뤄지고 웃음꽃이 핀다. 우리는 대화를 제대로 할 줄 모른다. 대화의 원칙과 기술에 대해 배우고 훈련을 받지 못했다.

어린 시절부터 가정과 학교에서 대화의 원칙과 기술을 배워야 한다. 그런데 우리는 암기 위주의 토론 부재의 교육만 받았다. 초등학교에서 대학까지 그렇게 배우다 사회로 진출한다. 사회활동은 혼자 하는 게 아니다. 상대가 있다. 오랜 시간 다른 환경에서 성장한 상대를 이해하고 용납하기 위해서는 올바른 대화가 필요하다.

하지만 너 나 할 것 없이 올바른 대화를 할 줄 모르니 말했다 하면 파열음이다. 걸핏하면 법으로 하자는 소리가 입에 달린다. 국회의 파열음과 일반 사회의 파열음 모두 대화를 제대로 할 줄 모르는 데서 시작된다.

지금부터 초등학교에서 그 교육을 시작해도 그 효과는 먼 훗날 일어난다. 120년쯤의 시간이 걸릴 것이다. 민주주의는 올바른 대화법이 전제되지 않고는 어려운 제도이다. 한 번쯤 생각해 보면 좋겠다.

물비늘[1]

동호대교 발아래
물비늘의 한강물
물끄러미 흐른다

먹구름의 하늘
소나기 한 무덤
쏟을 것 같지만

물속 온갖 방해와
하늘의 협박 못 본 채
가던 길 그냥 간다

1 물비늘: 잔잔한 물결이 햇살 따위에 비치는 모양을 이르는 말.

동지同志

같은 뜻 따라가는 동지
천 리 길 한 걸음 떼는 힘
내 맘 썩어 무지러지고
그대 속 까맣게 타들 때
물레에 올려진 검은 태토[1]

동지의 왼손 나의 오른손
기도의 손길로 하나 되어
함초롬히 빚어지는 찻그릇
청슬한[2] 마음 가득 담긴다

동지가 되다
동지를 만나다
동지가 몇이다
죽어도 여한 없는 끌림

---

1 태토(胎土): 바탕흙으로 질그릇이나 도자기의 밑감이 되는 흙.
2 청슬한: 청명한 이슬.

동지冬至날 밤 그대와 나 그리고 우리

둘러 앉아 끝단 없는 이불 덮고

동지 때 개딸기 따듯[3]

세상을 따듯이 데운다

- 註

배신이 이야기되는 시대에 동지同志를 말한다. 수단이며 도구인 금전金錢이 목적과 목표로 바뀐 때 '미친놈 씻나락 까먹는 소리'라고 할지 모른다. 그러나 한 번쯤 동지를 생각해 본다. 동지는 존경과 흠모의 정을 나타내는 말이다. 세상 살면서 존경하고 흠모할 수 있는 사람이 있다는 것은 얼마나 가슴 벅찬 일인가. 사랑도 믿음도 흩바람에 날리는 멧재(왕겨, 즉 벼의 겉겨)같은 세상에 내 목숨보다 동지의 목숨을 우선한다는 명제는 눈곱 덜 뗀 아이의 옹알이일 수 있다. 하지만 우리 인류 역사는 동지의 움직임으로 발전되어 왔다. 동지가 된 적이 있고 동지가 있는지, 없다면 동지가 되어 주고 동지를 만들어 갈 때 삶의 행복지수는 높아질 것이다.

3 동지 때 개딸기 따듯: 북한 속담으로 철이 지나 얻을 수 없는 것을 바란다는 말.

때時

그 때가 있었지
좋았던 시절 그 추억
이제는 달라진 아쉬움
엊저녁 꿈에 본 영상

그 많던 숫자 줄고
넘치던 열정과 웃음
이제는 먼 옛일로서
흐르는 세월 탓하지

보이던 사람들
보여야 할 모습들
호반 물안개 타고
먼 기억으로 사라졌네

가을의 전설 춘마
풀리고 아물린 사연들
가슴에 절절히 얽힌
그 때가 있었지

립 서비스

붉은 입술에
앵두 같은 말로
간이라도 빼줄 듯이

뒤돌아서면
뒤통수에 꽂힐 줄 알면서도
그냥그냥 쏟아 냅니다

공허한 립 서비스
힐난의 가시 되어
붉은 입술 찌릅니다

마음

그대 마음 내 마음
하나이면 늘 웃겠지만
둘인 때가 더 많아
아픔이 덧칠됩니다

와 달라 불러도 보고
아니라며 이해도 구하고
더러 생떼도 부리지만
점점 멀어집니다

내 맘 말끔히 지우고
그대 마음에 들어가니
하나 됨이 그리 쉬워
흥건히 웃습니다

멍에

짧은 다리 가는 허리
커다란 바위 얹은 개미
한 짐 짊어진 내 잔등

버거워 툴툴 털지만
다리마저 들려 휘청
떼어 낼 수 없는 멍에

버릴 수 없는 숙명
순응의 몸짓으로 맞아
웃음으로 토닥거린다

몸값

당신은 몸값이 있으니
말 못하고 참지만
나는 할 말 다 합니다

끝까지 들어야 할 처지인데
헤아려 적당히 가늠하고
알아서 행동해 줘 고맙습니다

내 몸값 적절히 쳐 주고
곤혹스럽지 않게 해 줌에
깊은 맘 알게 됐습니다

- 註

말 많은 형님이 달금한 술 한 잔에 토해 낸 말이 가슴을 데웠다. 말을 많이 해야 하는 자신의 입장을 설명했다. 그럴 수 있다고 이해하고 용납했던 것이 허용까지 불러왔다. 그 형님의 말을 즐겁게 들어 주는 것이 복 짓는 일임을 새삼 알았다. 처음보다 말마디가 많이 줄고 있는 그 형님은 선생님은 몸값 때문에 세상을 말 못하며 산다면서 내 처지를 명쾌하게 꿰뚫고 있었다. 어쩌면 말은 그 형님이 아닌 내가 많이 하고 있었는지 모른다.

묵언

창 넘어 다가온 문
그대가 당긴 문 사립문
내가 민 문 판자문
우리의 문은 미닫이문

나는 사립문 안에서
그대는 판자문 밖에서
우린 미닫이문 안팎에서
어떤 사람이 되는가

천장에 매달리는 들문
밀고 당기는 여닫이문
안팎 자유스런 자재문
너와 그대의 우리 문인가

생사 가르는 세상 문
빙빙 돌아가는 회전문
스르르 열리는 자동문
묵언으로 멀리할 문

벽 속에 숨는 미닫이문
병풍 같이 접히는 접이문
그대의 창문 내 마음 문
오롯이 지키는 평화문

- 註

우리는 살면서 많은 말들을 한다. 말은 입을 통해 전달된다. 입 모양에 따라 말은 달라진다. 오늘 어떤 말을 하며 하루를 시작했는가. 마음의 창은 눈이고 입은 마음을 드러내는 문이다. 창을 통해 보지 못하는 것들을 입을 통해 듣고 본다. 나와 상대가 열고 닫는 문에 따라 웃고 우는 모양이 달라진다. 오늘 웃는 문을 밀었는가, 아니면 우는 문을 당겼는가. 자재문과 들문, 여닫이문, 회전문, 자동문, 접이문, 미닫이문, 병풍문 등 많은 문 중에서 어떤 문을 사고 싶은가. 나는 접이문이나 병풍문이나 미닫이문을 달고 싶다. 그 문들이 묵언에 가깝다고 보기 때문이다.

박가네 구이

모자지간 어머니와 아들
박가네 고깃집에 흐르는 정
눅진히 노릿하게 익어 가는
삼겹살과 목살 마냥
묵진하게 피어난다

보드란 어머니 손맛은
구수한 된장찌개 끓이고
파무침 콩나물무침 무쳐내
미식가들 군침 당겨
웃음꽃 피게 한다

곱다란 아들 입맛은
손님들 귀를 보드랍게 하며
편안한 마음 갖게 하여
소주 한 잔 당겨
권커니 잣거니 하게 한다

박가네 고깃집에는

우리 시대에 결핍된 모자의 정이
진득이 끓는 된장찌개
조용히 익는 삼겹살 마냥
뭉실뭉실 피어나 보기에 좋다

- 註

강북구 미아동 박가네 고기집은 어머니와 아들이 운영한다. 어머니는 회장, 아들은 사장인 듯하다. 세대 간 단절이 일상화되고 우려되는 우리 시대에 어머니와 아들이 한맘 한뜻으로 음식을 만들고 손님을 맞이하는 모습은 참 보기에 좋다. 모자간의 정이 얼마나 도타우면 저럴까 싶은 정도로 둘은 정성을 다해 미식가들의 입맛을 당긴다.

반면교사

내 눈에 비춰진
내 맘에 투영된
곱지 않은 모습
그처럼 하지 않으면

밝은 햇살에 빛나고
맑은 달빛에 웃으며
닮고 싶은 모습 되어
다가오는 존경과 신뢰

수처작주隨處作主 몸짓으로
입처개진立處皆眞 마음으로
새겨 실천할 신독
늘 비춰야 할 거울

- 註

'저렇게는 하지 말아야지'라며 떠올리는 말이 반면교사反面教師이다. 심화되는 양극화와 관계의 생채기가 커지는 요즘 분노와 좌절의 단계를 넘어서는 찰나, 반면교사는 경종의 울림으로 다가온다. 인생은 반면교사란 힐링이 없으면 앞으로 나아가지 못한다. 분노에 주먹이 뻗히고 좌절에 발목이 묶이기 때문이다.

수처작주隨處作主 입처개진立處皆眞濟은 '있는 곳에서 주인이 되라. 그러면 서 있는 곳 모두가 참된 것이다.'란 뜻이다. 신독愼獨은 남이 보지 않는 곳에 혼자 있을 때에도 도리에 어긋나지 않도록 조심하여 말과 행동을 삼가는 것이다. 일상에서 반면교사를 새기면 괜찮은 삶이 될 것이다.

병丙

툭 던진 말에
소년 같은 형님
甲도 乙도 아니었어

아무것도 아니었네요
그저 웃음뿐
丙이란 얘기일까

甲일 때는 乙 생각에
乙일 때는 甲 떠올라
甲乙 떠나 지낸 삶

- 註

"형님의 삶은 갑이었소 아니면 을이었소?"

"아무것도 아니었어."

"그럼 병이었소?"라는 말에 "둘 다 싫어 계약서 문구 고쳐 계약만 연기되고 그랬어."라는 형님이 있다. 오랜 시간 시민단체를 이끌고 있는데 문득 갑을에 대해 질문을 던졌다. 세상은 갑에게도 갑이 있고 을도 갑이 되고 갑도 을이 되는 게 일상이다.

생존경쟁에서 갑을관계는 원천적으로 부정될 수 없다. 선진사회에서는 그 갑을이 객관적 사실에 의해 결정되고 권한은 각자에게 주어진 만큼만 행사된다. 그렇지 못할 때는 갑을 논쟁이 불거지고 갑질에 따른 사회적 파장이 크게 나타난다.

평생 갑질만 했다는 주변의 여러 형님들도 을이 되어 살면서 갑질의 잘못을 반성하며 인생을 다시 배운다고 말한다. 지금 서 있는 위치와 행동에서 혹시 갑질하고 있지는 않는지 한 번쯤 생각해 봐야 한다. 갑질은 알량한 문고리권력과 같은 것이다. 진정한 갑은 갑질을 하지 않는다. 왜 을이 없으면 자신이 없다는 것을 잘 알고 있기 때문이다. 을을 존중하고 대접하지 않는 갑은 갑이 아니다. 땅콩회항사건은 우리 사회에 갑을이 무엇이며 관점이 어떠해야 한다는 것을 잘 보여 주었다.

복수초福壽草

결빙 벗 삼아 피는 샛노란 꽃
겨울잠 깨라 소리친 밝은 미소
춘몽의 아롱놀[1]에 자릴 내주고
깊은 잠에 빠져드는 아도니스[2]

이뤄질 수 없는 애달픈 사랑
꽃말마저도 맺지 못한 두 마디
영원한 행복과 슬픈 추억
그대와 내 맘 어딜 향해 갈까

황금색잔 같아 측금잔화側金盞花
설날 봄소식 알리는 원일초元日草
눈 속의 연꽃 닮아 설연화雪蓮花
결빙을 동그랗게 쪼는 얼음새꽃
여러 이름의 새해 수복화壽福花

---

1 아롱놀: 아지랑이 노을의 시어로 줄임말.

2 아도니스(Adonis): 학명은 '속명+종명+명명자'로 이뤄진다. 복수초는 'Adonis amurensis'로 앞의 '아도니스'가 속명이다. 아도니스는 그리스 신화에 나오는 미소년인데, 여기에서 이루어질 수 없는 사랑을 상징하는 꽃말이 유래되었다.

여섯 해 만에 뻗친 인고의 기운 살
시리시리한 날 혈흔으로 불꽃 피워
모질어야 산다는 세상 고깔 안으며
저와 상대 함께 살리는 상생의 꽃

- 註

복수초에 마음을 뺏겨 본 적이 있는가. 동식물의 먹이사슬은 내가 죽어 상대를 살리기보다는 상대를 죽여 자신이 사는 게 일반적이다. 그런데 복수초의 샛노란꽃은 자신도 살고 상대도 살린다.

복수초는 씨앗이 싹을 틔운 후 여섯 번의 겨울을 지낸 뒤 꽃이 핀다. 인고의 세월 끝에 핀 꽃은 주변의 얼은 땅과 나무를 녹인다. 꽃잎 안은 주변 온도보다 높아 벌레들도 불러들인다.

얼음을 뚫고 나와 봄을 부르는 전령사이지만 맨 먼저 도착한 기득권도 과감히 내려놓는다. 5월 들어 다른 식물들이 신록을 뽐낼 때 복수초는 휴면에 든다. 그런 후 대지가 꽁꽁 얼어붙어 모두 깊은 잠에 빠져 있을 때 시련의 운명을 깨듯 결빙을 녹이며 샛노란 꽃을 피운다. 여린 꽃잎이 결빙을 녹이는 그 신비 앞에 우리 인간은 말을 잊고 그저 멍하니 한참을 바라보게 된다.

봄

간들바람[1] 탄 봄
눅직이 눌린 삶
헤시시 풀어놓고
봄 처녀 부른다

든든히 동여맨
저고리 앞섶 깃
명지바람[2] 맛에
두둑임 멈춘다

대문 옆의 매화
내 맘 내 손길보다
먼저 봄 맞아
배시시 웃는다

---

1 간들바람: 부드럽고 가볍게 살랑살랑 부는 바람.
2 명주(명지)바람: 보드랍고 화창한 바람.

봉안당

지아비 찾아가는 발길
갈리는 맘 천 갈래 만 갈래
이승에서 못다 한 사랑
저승에서 다 하겠다는 언약
참회의 인사를 드린다

꼬인 실타래 풀리지 않아
못내 슬퍼 기댈 곳 없을 때
혼자 간 낭군이 그냥 보고파
미운 감정에 넋두리 쏟으려
시린 맘 설움 훔치지 못한다

꾹꾹 눌렀던 눈물박 터지고
먼저 간 원망마저 버리니
그간 일 자랑과 반성 못한 채
겨우 아이들 소식만 전하고
보고픔만 만 리 길에 깔렸다

부모

홍콩의 지인 어머니
한국의 겨울 날씨
엄청 춥다는 소식에
외동딸 걱정된 맘
따뜻한 외투 보냈다

옷 고르는 부모 눈
무엇보다 뜨뜻한 게 우선
북극곰이 입으면 좋을 옷이라
남극펭귄 입을 옷 기대한 딸
뾰르지한 입볼만 커졌다

선택의 잣대 다르지만
시대와 환경 초월하는
엄마 맘은 그저 하나
자식 몸 따뜻하면 그만
패션 감각은 그다음

엄마 맘 헤아리고

패션 감각 살리는 리폼
외동딸 마음에 맞게
풀어 헤쳐 다시 맞추니
근사한 스타일 살아나
입볼에 웃음꽃 피었다

빈말

빈말
참말로
구분되는 말
그대 말은 어느 말인가

참말보다는
빈말 많은 세상
강조되는 참말로
그 말마저 빈말

열 마디 말 중
한 마디만 챙겨야 하는
빈말과 참말
누구 말 아닌 내 말

삐짐

뾰드락지 같은 그 맘
가로지르는 눈빛
외로 틀어진 말
몸짓은 모로 돌아섰네

내 탓 도리도리 외지만
그 맘 알 듯 모를 듯
목 빼고 훈풍 기다리는
목마른 갯버들 되었네

익어야 터지는 그 맘
기다리면 웃을 줄 알지만
일각이 여삼추라
시커먼 숯검정 되었네

세월

희망 안고 출발한 첫마디
아쉬움으로 접어진 열두 마디
서산에 걸린 느릿한 달님
어스름 걷는 여명에 쫓기듯
날 두고 서둘러 갔습니다

지는 달 잡을 수 없고
떠오르는 해 막을 수 없는
흐름이 세월임을 잘 알지만
달님 잡고 해님 막고 싶음이
당신을 향한 애증입니다

잘 산 사람은 안 그렇고
잘못 산 듯한 삶만 그런가요
떠나간 당신에 대한 마음
누구나 같을 것이기에
설렘의 첫마디 다시 맞습니다

모두에게 공평한 당신은

남녀노소와 부귀와 가난
지구촌 평화와 전쟁의 땅
가리거나 차별하지 않고
똑같은 크기로 나눠 줍니다

손톱

톡 톡 소리 내며 잘리는 손톱
장마철에 자라는 바라기풀처럼
쑥쑥 잘도 자라 어머니와 나의
그 옛날 시골 추억 떠올렸다

새벽녘 아침 밥상 차리기 전 모자는
전날 져 놓은 고구마둑 향해 갔다
난 고구마순 간격 맞춰 놓고 가고
어머니는 맨손으로 깊숙이 심었다

밭일 흙에 닳은 어머니 손톱은
자랄 새 없어 까맣고 몽톡했다
가끔씩 깎는 아버지 손톱은
어머니를 힘들게 한 증표였다

깨지고 파여 보기 아린 그 손톱은
조부모와 시부모 시형제와 자식들
알뜰살뜰히 한 집안 이끈 상징으로
옛일 이야기하는 추억이 되었다

시위

재벌이란 사람들
갑질하는 마음들
칼바람 속에 피켓 든
그 심정 아는가

갑질할 수 있었고
대접받을 수 있으며
폼 잡을 수 있었던
빛나는 인생이지만

비정규직 분노의 아픔
적잖이 보듬어 온 세월
힐끔이는 행인들 시선마저
따뜻한 마음으로 안는다

벽 안에 갇힌 이웃에게
내복 건네는 애린愛隣의 실천
말땀의 역사학 보내고
몸땀의 역사를 알린다

- 註

강철구 역사학자는 현실의 잘못을 바로잡으려는 일환으로 1인 시위를 꾸준히 하고 있다. 핵심 주제는 비정규직과 중소기업의 아픔이다. 그의 이력은 비정규직이 아니었다. 서울대학교 대학원 문학 박사, 민족미래연구소 이사장, 이화여자대학교 인문과학대학 사학 교수 그리고 일련의 저서들 『서양 현대사의 흐름과 세계』, 『역사와 이데올로기』, 『혁명』, 『우리 눈으로 보는 세계사』, 『서양사학과 유럽중심주의』, 『역사와 이데올로기』, 『한국을 어떻게 바로 세울 것인가』는 강 교수님이 걸어온 발자취이다. 어제 강 교수님의 1인 시위에 동참했다.

강 교수님의 마음을 시로 표현해 보려 한 시인 정치인 홍성남은 정규직도 거쳤고 중소기업(언론사, 출판사)도 운영해 봤다. 국회의원에도 출마했고 구청장 선거에도 나갔다. 택시운전도 했고, 막노동도 했으며 지금은 야간경비를 하고 있다. 주간에는 정치도 하고 모임도 하고 책도 쓰고 지역(서울 강북구·을구)도 돌아다니면서 나름 부지런히 움직인다.

함께 1인 시위를 한 김완구 서강대 철학과 교수님 등 강철구 교수님이 몸땀을 흘리는 현장 강의에 동참하는 사람들은 왜 여의도 전경련 앞의 칼바람을 기꺼이 맞는가. 갑질하는 사람도 살고 당하는 사람도 함께 살리기 위해서다. 지금의 구조와 개선책 없이는 갑을 구분도 갑질도 의미가 없다. 왜냐면 갑을의 웃음과 행복 자리에 분노와 분열이 너무 크게 자리 잡기 때문이다. 유행가 가사에 그런 구절이 있다. "더 늦기 전에 …(중략)"

시인의 혁명 1[1]

북풍한설은 시베리아에만 있는 줄 알았는데
휴일 아침 전철 입구 할머니 고물 리어카에
한가득 실려 와 팅팅한 내 이마 내리쳤다

순간 혁명의 불꽃이 온몸을 태우며
발길 아래 깔린 포연의 아우성이 뭔지 아느냐며
조소의 쓴웃음 한 바가지 쏟고 휑하니 가 버렸다

잠재워진 시인의 혁명은 그렇게 일어나 뽕가슴 만들고
애린의 연민인 고물 리어카의 고물들은 나는 갈 테니
이제는 네 몫으로 알아서 하라며 짜릿한 키스를 훌쳤다

혁명이란 뭔가
들춰진 국어사전의 곰팡이 냄새 따라
개혁改革
변혁變革

---

1 이 시는 2014년 구청장 선거 출마에서 실패한 후 노가다 민생탐방 120일에 이어 야간경비를 150일간 하면서 어느 날 쓴 시이다.

혁개革改

쿠데타coupdetat란 놈들이 나타났다

색깔과 모양은 다르지만 몸뚱이는 하나구나
이런저런 세상 풍파 뒤집어쓴 오물들
빨고 닦아 눈부신 새하얀 햇살로 맞이하는 것

혁명이든 개혁이든 변혁이든 혁개든 쿠테타든
한 콩깍지 안에 나란히 한 줄로 선 놈들인데
개혁은 괜찮고 혁명이라면 길가다 똥 피하듯 하니
같은 몸뚱이도 입힌 옷 색깔 따라 대접 다르구나

- 註

일요일 아침 6시 얼치기 차림으로 길을 나섰다. 등산복도 아니고 평상복도 아니었다. 등산화에 파카의 아주 편한 전천후 복장이었다. 24시간 경비원의 복장으로는 아주 그만이다.

만주벌판에서 온 건지 아니면 시베리아 뜨락에서 온 건지 모를 북풍의 차가움이 이마를 치고 갔다. 두개골이 시릴 정도로 차가웠다. 홍얼대던 콧노래는 이미 놀라 저 혼자 골목 모퉁이에 숨었다.

눈을 들어 보니 할머니의 고물 리어카가 다가왔다. 할머니의 운행노선은 큰 길 넘어 송천동이 출발지로 짐작되었다. 고물수집상이 송중동의 내 사무실 바로 옆에 있어 고물 리어카에 실린 짐만으로도 얼추 어느 동네에서 온 것이며 고물 주인이 누구인지 가늠이 된다. 늘 뵙던 할머니였다.

"아이구, 추운데 조금 있다 하시지요."

"일찍 어디 가세요."

폐지 위에 몇 개의 철고물이 한가득 실린 것으로 봐서 할머니가 고물을 줍기 시작한 시간은 새벽 3시쯤으로 짐작된다. 서민 동네이다 보니 고물 줍는 분들이 많다. 경쟁이 심하다. 동틀 때 출발하면 빈 리어카의 발통 소리만 요란하다. 그 속사정을 알면서도 빈 인사말만 건넸다.

고물상은 아침 8시쯤 문을 연다. 아침 6시부터 고물 실은 리어카들이 줄을 선다. 어떤 분은 2시쯤부터 고물을 정리하여 앞줄에 놓고 들어가셨다가 다시 나오기도 한다. 가끔은 모닝커피를 나누면서 인생 이야기를 듣는다. 한 인생에서 쏟아지는 소설 몇 권의 얘기를 들으면서 시인은 혁명을 생각한다. 유년 시절부터 꿈꿔 온 혁명. 아직도 이지러진 조각달이 아님을 순간순간 느끼기에 거칠고 메마른 길을 골라 간다.

시인의 혁명은 달라야 한다. 일반적 개념과 행동에 의한 혁명이 아니다. 그것은 후유증이 너무 커 본말이 전도되는 결과를 가져오기 때문에 피한다. 조용하지만 회오리바람처럼 거친 혁명, 그러면서도 생채기가 최소화되는 혁명이 시인의 혁명이다.

시인의 혁명 2

벗겨지는 처절한 절규 아는가
벗기는 쓰린 아픔 느끼는가
서로 껍질 놓고 싸우는 한판승
혁명이란 두 연민이 쏟는 토혈

떠나는 임 즈려 눌러 보내듯
고목에 눌어붙은 매미의 유물
흩바람에 몽창몽창 날릴 연가시

해피아
철피아
관피아
통피아
법피아
금피아
군피아
교피아
원피아
정피아

모피아
곰팡이 슬은 새끼줄의 홍시

지그들의 세상만을 위해
권력 휘젓는 떼거리 도둑
새 물 정한수에 바칠 제물
시뻘건 불꽃에 태울 죄악

- 註

혁명은 껍질을 벗기는 사람들과 벗겨지는 사람들의 아우성이다. 혁명의 속성은 변화이다. 변화의 동인은 세월이다. 세월은 녹을 동반한다. 고인 물에 이끼가 끼는 격이다.

녹을 지우는 방법은 혁명이다. 모양과 색깔과 크기만 다를 뿐 혁명은 피할 수 없는 신랑 각시의 첫날밤과 같다. 오랜 시간의 준비 끝에 둘이 맺어 초래를 잘 치르면 다음 날 함께 웃는다. 촛불 아래 각기 다른 염원을 보내는 것이다. 혁명은 그런 것이다. 많은 준비가 필요하다. 벗기려는 신랑의 열뜸과 벗지 않으려는 각시의 부끄러움이 한바탕 뒹구는 몸짓과 같다.

현재 우리 사회는 여러 마피아들이 분노와 절망을 갖게 한다. 해피아, 철피아, 관피아, 통피아, 법피아, 금피아, 군피아, 교피아. 원피아, 정피아, 모피아 등 많은 마피아들이 등장했다. 아니, 민낯을 드러냈다. 대한민국의 국민들이고 사적 영역에서는 부모이며 형제자매인 그들을 오죽

하면 그렇게 불렀겠는가. 마피아Mafia가 무엇인가. 이탈리아의 시칠리아섬을 근거로 하는 강력한 범죄 조직이 아닌가. 자국에서 정치적 폭력을 행사할 뿐만 아니라, 20세기 들어 미국 등의 대도시에서 마약과 도박, 금융 따위에 관련된 거대한 범죄 조직을 형성하는 지구상의 암적 존재들이 아닌가.

우리 시대 혁명의 대상은 한 조직과 사회 내부에서 자신들의 이익을 위해 권력을 휘두르는 이익 집단인 대한민국 각 분야의 마피아들이다.

아리다

헛바람[1]결에 들은 소리
도리깨바람[2] 되어 가슴을 후볐습니다
동지의 도마에서 동지는
톡톡 잘린 갈치가 되었습니다
토막 난 갈치는
아프다 말하지도
서럽다 울지도
죽인다 분노하지도
아리다 피 흘리지도 않습니다

첫 번째 토막은 색깔 곱지 않다며
수챗구멍에 던졌습니다
두 번째 토막은 살빛 없다며
음식찌꺼기통에 버렸습니다
세 번째 토막은 등가시 억세다며
칼날로 때려 바닥에 팽개쳤습니다

---

1 헛바람: 쓸데없이 부는 바람.
2 도리깨바람: 도리깨질을 할 때에 일어나는 바람.

네 번째 토막은 칼끝으로 찍어
아무렇게나 뿌렸습니다
나머지 토막들은 자르면서
칼등으로 쳐 아무 데나 처박았습니다

허연 뱃살 드러낸 갈치는
던져지고
버려지고
팽개쳐지고
뿌려지고
처박힌 후 동지가 왜바람인 줄 알았습니다

솔솔바람[3]은 잠시 잊었습니다
솟은 콧등과 얇은 입술 피하고
흘기는 눈과 저탁한 음성 멀리하라는
추길피흉 재색명리의 교훈
결코 잊은 건 아니었지만
동지라는 걸 우직스레 믿었습니다

솔솔바람은 왜바람[4]에게 말했습니다

---

3 솔솔바람: 순하고 부드럽게 부는 바람.
4 왜바람: 이리저리 방향 없이 부는 바람.

댑바람[5] 서릿바람[6] 칼바람[7] 흙바람[8] 모아
비구름[9] 먹구름[10] 안개구름[11] 소나기구름[12] 만들어
작달비[13] 도둑비[14] 우레비[15] 채찍비[16] 뿌리면
세상이 흐려지니 솔솔바람 되라 했습니다

---

5 댑바람: 북쪽에서 거세게 부는 바람.
6 서릿바람: 서리 내린 날 아침의 찬바람.
7 칼바람: 몹시 맵고 짠한 바람.
8 흙바람: 흙먼지가 섞여 부는 바람.
9 비구름: 비를 내리는 검은 회색 구름.
10 먹구름: 두꺼운 덩어리 모양의 구름.
11 안개구름: 층 모양의 구름.
12 소나기구름: 때때로 우박과 살인적인 토네이도 발생.
13 작달비: 굵고 세차게 퍼붓는 비.
14 도둑비: 예기치 않게 밤에 몰래 살짝 내린 비.
15 우레비: 우레가 치면서 내리는 비.
16 채찍비: 굵고 세차게 내리치는 비.

앞자리

강단에서 강의장을 보면
텅 빈 앞자리 의미가 뭔지
절절이 새롭게 다가온다

사람들은 말로는 앞자리
앉아야지 하면서도 발길은
습관처럼 뒷자리를 찾는다

상황 따라 동전 양면처럼
선호와 기피가 달라져
미소와 쓴웃음 짓는다

강단의 앞자리는 서로의
심리적 거리 묽게 하는
배려와 비움의 포옹이다

- 註

앞자리에 앉는 편인가요. 아니면 뒷자리를 좋아하시는지요. 일전 원불교 법회 시작 전 교무님께서 신도들에게 앞자리를 권했습니다. 우리의 문화에서 앞자리를 선호하는 사람들은 많지 않습니다. 심리적 거리 때문인지 뒷자리를 선호합니다. 이익이 눈에 곧바로 보이는 행사장을 제외하곤 대부분 뒷자리부터 채워 앞자리로 옵니다. 믿음과 영혼으로 대표되는 종교행사도 예외는 아닙니다.

앞자리와 교무님이 선 연단과의 거리는 짧았습니다. 교무님이 뒷자리에 앉은 신도들께 비어 있는 앞자리를 권한 데는 나름 이유가 있었을 것입니다. 하지만 신도들은 움직이지 않았습니다. 교무님의 특별한 부탁에도 움직이지 않은 신도들도 나름 까닭이 있을 것입니다. 공허한 메아리로 끝나는 교무님의 권유가 「앞자리」라는 시를 쓰게 했습니다.

저는 언제부턴가 앞자리를 선호합니다. 그날도 맨 앞자리에 앉았습니다. 제가 앞자리를 선호하는 이유도 나름 있습니다. 이제는 마음과 발길이 자연스럽게 그곳으로 향하기 때문에 의식하지 않습니다. 그러나 처음에는 주저함이 많았던 것 같습니다. 연설과 강의 그리고 시 낭송의 횟수가 많아지고 사회를 자주 봐서인지 앞자리가 비어 있으면 왠지 모르게 기운이 빠집니다. 특히 사회를 볼 때는 "앞자리부터 자리를 정돈해 주시면 감사하겠습니다."를 빼놓지 않습니다. 우리의 문화가 아직은 뒷자리를 선호하다 보니 그런 부탁에도 움직이는 사람들은 많지 않습니다.

연단에 설 때 청중이 강의장을 꽉 채우지 않아도 앞자리부터 앉아 있으면 마음이 달라집니다. '더 열심히 강의해야겠다'와 '강의할 맛이 난다'는 느낌이 밀려오면서 기분이 좋아집니다.

앞자리부터 앉는 문화는 강단에 선 사람을 위한 배려라는 생각을 해 봅니다. 강단에 서는 사람은 오랜 시간 최선을 다해 준비합니다. 앞자리부터 앉아 주는 배려의 문화는 그 준비에 대한 감사이고 힘이며 함께 호흡

하는 데 기본입니다.

앞자리에 앉으면 이런 변화가 있습니다. 내향적인 부분이 외향적으로, 소극적인 것이 적극적으로, 피동이 능동으로 바뀌어 의욕과 열정이 샘솟는 자기 혁신이 일어납니다. 연단에 선 사람과의 심리적 거리도 묽어져 행사의 내용에 대한 집중도 높아집니다.

새해에는 어떤 행사장에서든 앞자리부터 앉는 배려의 발휘로 상대와 나와의 관계를 썰물이 아닌 밀물로 가득 채웠으면 좋겠습니다.

왕따

따돌리는 일
따돌림을 당하는 처지
서로 등을 집니다

말 안 되는데
이유가 없는데
따돌림은 그리 움트지요

던져진 눈깔사탕
단맛 빨기 위해
하루살이들 생겨납니다

윙윙거리는 날갯짓
웃음꽃 피는 사이
한 아이는 죽습니다

야근夜勤

늘늘이 흐르는 인생
거슬러 오르는 시간
생존의 치열한 몸짓
온밤 새워 피는 야화

축축 늘어지는 육신
무겁게 누르는 눈꺼풀
흐릿한 감각의 망막
신새벽 알림에 깨어

가는 길목 넘어
가려는 길녘 불러
애린 희망의 등불로
내일의 생명 키운다

- 註

밤을 새웁니다. 우리는 각기 다른 목표를 위해 다른 방식으로 잠을 자지 못합니다. 밤에 부지런을 떠는 야근인 것이죠. 밤을 밝히는 사람들이 생각보다 많습니다. 시계는 새벽 3시를 가리킵니다. 야근이기에 잠을 잘 수 없습니다. 군 시절 야간 경계 근무를 서던 때가 생각납니다. 민생 탐방으로 했던 야간 택시운전과 막노동의 야근이 떠오릅니다. 기자 시절 밤을 밝혀 취재하고 기사를 쓰던 순간도 그리워집니다. 쓴 소주잔을 놓고 정의와 민주주의를 논하다 새벽에 〈아침이슬〉이란 노래로 허실함을 달래던 시절이 엊그제 같습니다. 지내 놓고 보니 이래저래 야근을 많이 했던 삶입니다. 아직도 야근해야 할 시간이 남아서인지 오늘도 밤을 밝힙니다. 함께 웃는 함께하는 사회를 만들기 위해서 앞으로도 야근을 많이 해야 할 것 같습니다.

약속

애틋한 맘으로
새끼손가락 걸지는 않았지만
언제 만나자는 말은 했습니다

날짜 비워 놓고
이래저래 준비하며 기다렸는데
만날 수 없다 했습니다

알겠습니다라는 말로
맘 비운 척했지만
일방통행에 할 말은 많았습니다

- 註

약속이 무엇인가. 두 마음과 두 길이 한마음 한길이 되기 위해 시간과 장소를 정해 보는 일이다.

요즘 약속의 의미를 생각하게 하는 일들이 자주 일어난다. 약속한 시간이 가까워지면 확인하는 경우가 많다. 약속을 번개팅으로 아는 사람들이 늘고 있기 때문이다. 이런 현상이 증가하면 약속의 개념에 번개팅이란 의미가 포함될지 모르겠다. 반면교사反面教師와 침묵을 생각해야 하는 일들이 줄어들었으면 좋겠다.

어머니

소복이 내린 어젯밤 눈
강추위로 얼어 버린 빙판길
송구함 애태운 맘으로
날 추운데 아프신 데 없고
진지 드셨냐는 안부 여쭈었다

조부 기일 가겠다는
막내아들 말에
빙판길 운전 걱정되어
조바심으로 아서라는 어머니
큰형님과 조카가 지내도
된다며 극구 말리신다

여든일곱 해를 살아온 세월
오십 해를 함께 살다 간 시아버지
안부 챙기는 제사보다
미끄러운 길 나설
아들 걱정이 앞선다

절절한 어머니 사랑
흠뻑 먹은 아들
막냇동생 걱정하며
오지 말라는 형님의 당부
어머니와 큰형님 내리사랑에
소리 없는 눈물 쏟는다

험살스런 세상 풀어 가는
소담스런 푸근한 사랑
격려와 믿음의 힘으로
특특한 거친 빈들에 나서
터걱터걱 내치며 걷는다

어머니의 행복

아흔하나 쉰셋의 어머니와 아들
사십 년 세월 나란히 베고 누워
과거와 현재의 일들 짚이는 대로
주거니 받거니 담소 꽃피운다

언제가 가장 좋았어요라는 말에
너희들 교복 입고 학교 갈 때
그랬다 가방 들고 집 나서는
자식들이 어머니의 행복이었다

층층시하의 맏며느리 고달픔
모른 채 한 남편의 미움과 야속함
어머니 성안에서 자란 그 행복
자식과 함께 익히는 세월 되었다

어머니의 개떡

급하게 들러 안부 여쭙자
개떡 쪄 놓을 테니 이따 오라신다
아흔셋 노모 쉰셋 막내아들
아릿한 천륜의 내리사랑

자식들 거두다 굽어진 허리
이제 돌볼 때도 되었지만
조만간 손주 볼 자식임에도
어머니의 근력은 세월 강 넘는다

자식은 예전이나 지금이나
건성으로 대답해 놓고
제 발길만 재촉하며
바쁜 척은 저 혼자 다 한다

어머니의 누룽지

어머니가 신문지에 겹겹이 싼
노릿한 빛깔로 눌려진 누룽지
잊힌 유년의 추억 불러 깨워
고향 마을 어귀 정자에 앉힌다

엄니는 왜 머리만 잡숴에
머리가 제일 맛나서란 말에
그런 줄로만 안 철딱서니에게
어머니는 온 맘 온 힘 다해
눌린 누룽지 매번 건네신다

오물오물 씹던 자식의 입 모양
가슴에 가지런히 챙겨진 추억
꺼내 보고 싶어진 거란 깨달음
다음엔 어머니 앞에서 먹겠단다

입장

내 맘 내 행동
같지 않은 건
입장이 다르기 때문

내 코와 너의 코가 같지 않는데
내 입과 내 입술 같으라는 건
헛된 욕심의 망상일 뿐

인생은 입장 따라
너는 너대로 나는 나대로
그저 흐르는 물비늘

여지

각박한 삶 메마른 세상
나와 네게 없었던 여지
티눈 같은 원죄의 허물

어떤 일 하거나
무슨 일이 벌어지거나
매듭짓는 망울은 여지

나위
말미
빈틈
사이
틈새
우리에게는 희망

- 註

우리는 지나온 길을 반추한다. 조금 더 잘할 수 있었는데 그렇게 하지 못함을 후회한다. 시행착오를 시인하는 셈이다. 원인은 무엇이었을까. 나름 분석하고 되풀이하지 않겠다고 굳게 다짐한다. 그러기를 살아온 세월만큼 한다. 반추를 되풀이하지 않으려면 우리가 잊고 사는 여지餘地를 생각하고 잘 챙겨야 할 것 같다. 여지가 없으면 참다운 말인데도 대중이 믿지 않고, 고결한 행동도 의심을 부른다. 우리들의 언행에 여지가 없기 때문이다. 여지의 유무는 군자와 소인을 가르는 잣대이기도 하다.

역린

누구나 있는 역린逆鱗
나에게도 있다는 걸
그대 깡마른 말에 알아

그대와 나 그리고 우리
물비늘 타고 왔는데
뒤틀린 비늘에 놀라

내 역린이 그대 역린
건드린 적 있는지
성찰의 시간 갖는다

용 턱 밑 거꾸로 박힌
한 자의 비늘 칼날
날 지켜 주는 자존심

- 註

『한비자韓非子』에 "온순한 용은 친하게 길들이면 사람이 올라타고 다닐

수도 있다. 그렇지만 목 아래에 거꾸로 박힌 한 자 되는 비늘이 있다. 만약 그것을 건드리게 되면 용은 노하여 반드시 그 사람을 찔러 죽여 버린다. 군주에게는 이 거꾸로 난 비늘이 있는 법이다."라는 이야기가 있다.

용의 턱 밑에는 거꾸로 난 비늘scale을 역린逆鱗이라 부른다. 거스를 역逆에 비늘 린鱗자이다. 역린이란 군주의 치명적인 약점이나 허물을 건드려서 노여움을 일으키는 일을 비유할 때 쓰는 말이다. 꼭 윗사람뿐만이 아니라 사람들은 누구나 나름대로의 역린을 가지고 있는 법이다.

아무리 성격이 좋은 사람이라도 어떤 특정한 부분을 지적당하면 걷잡을 수 없는 수치감과 분노 그리고 절망감을 느낄 수 있다. 다른 사람과 좋은 관계를 유지하려면 상대방이 자극받고 싶지 않아 하는 민감한 부분이 무엇인지를 헤아리는 지혜가 필요하다.

옛날통닭집

미아동 옛날통닭집 그녀의
인사는 함박 진 웃음이다
어쩜 저리도 밝을 수 있을까
통닭이 잘 팔려 웃는 걸까
웃다 보니 통닭이 팔리는 걸까
함박 진 미소는 함돌지다

맨돌 진[1] 몸으로 웃는 통닭
함돌 진[2] 웃음꽃 피우는 그녀
사람 발길 잡아채는 끌림 터
가던 길 잊고 나누는 인사에
갈톳한[3] 세상사 찰진 흥미로
모롯모롯 익어 오롯이 핀다

그녀의 마음놀[4] 함박스럽고

---

1 맨돌진: 매끄러운 돌처럼 맨들맨들한 모양을 시어로 줄인 말.
2 함돌진: 크고 깔끔하게 웃는 모양을 시어로 줄인 말.
3 갈톳한: 건조하고 메마른 상황을 표현한 말.
4 마음놀: 마음의 넓이를 시어로 줄인 말.

덤 내줌은 미아동 누이 품 같아
바삭 튀긴 통닭 찾는 사람들
미아동 옛날통닭집에서
열뜸의 첫 순정 추억 당겨
그리운 이들 함지게[5] 그려 낸다

- 註

그녀의 웃음은 반가움을 일깨운다. 더해지는 손 인사는 가던 발길마저 잡아챈다. 팔 저음도 가볍게 한다. 모든 이들을 즐겁게 하는 웃음이다. 그녀는 오늘도 미아동 미아역 주변의 옛날통닭집에서 통닭을 바살스럽게 튀겨 낸다.

---

5 함지게: 밝게 웃는 모습을 시적으로 표현한 말.

육체

탐스런 너의 육체에
침 삼키는 소리도 감추지 않고
넋 놓는 무리가 있다

넌 잘 빠진 몸매에 홀려
마냥 허우적대는 쓸개들이
싫지 않은 듯 몸 틀어 준다

홍등만 찾아드는 불나방
흐느적한 소릴 반기는 너
세상인심의 한 자락이리라

- 註

발표회에 갔다. 몇몇 사람이 무대에 올랐다. 플래시가 터졌다. 무대에 오른 사람들은 몸뚱이를 비비 꼬며 요리조리 틀어 준다. 더러 이렇게 저렇게 해 달라는 주문의 목소리도 들린다. 본질은 제쳐 두고 껍데기 가지고도 잘들 논다는 생각과 함께 쓴웃음이 나왔다.

본질과 과정에는 관심과 이해가 없고 껍데기와 결과만을 보는 현상이 우리 사회를 지배하고 있다. 정치권도 마찬가지이다. 본질과 과정보다는 치장의 결과만을 좇으면서 빅딜이란 허깨비까지 동원하곤 한다. 우리 삶의 행복지수는 본질과 과정에 있지 치장의 결과에 있지 않기 때문에 발표회장에서 보이는 우리 사회를 뒤덮고 있는 문화 현상은 바뀌어야 한다.

이별

이별은 만나고 헤어짐
그대 청명한 저승길 가고
난 먹먹한 이승길에 남아
한 갈래가 두 길로 갈린다

그대 여러 추억 남기고
난 그 갈피에 눈물 떨군다
뒤돌아보고 지켜보지만
회자정리會者定離 홀친다

생자필멸生者必滅 거자필반去者必返
남의 일인 줄 알았는데
내일이고 보니 아린 가슴에
삶의 편린만 피고 진다

- 註

조문을 다녀왔다. 한 장례식장에서 두 분을 문상했다. 모두 졸수卒壽(90세)를 넘기신 분들이다. 한 분은 생전에 뵙지 못했고

한 분은 늘 뵙던 분이다. 저승길은 나이도 재력도 명예도 따지고 가리지 않는다. 빈손으로 왔다가 빈손으로 간다. 흔적만 남을 뿐이다. 처자식은 울고 지인들은 슬퍼한다. 문제는 그 흔적이 나중 가는 이들의 가슴에 어떻게 남느냐는 것이다. 사람이 사는 목적이 흔적을 남기기 위함일지도 모른다. 그것이 희미하다면 원초적 동물과 크게 다르지 않을 것이다.

인사밥

날마다 먹는 기름진 밥
배부른 포만감 없는 건
너와 나 함께 먹어야 할
인사밥 빠져서 그렇다

훈풍의 청심 밭에 쑥쑥 자라
이슬에 피는 달개비 꽃무리
때와 장소 가리지 않고
먼저 주며 먹어야 할 밥

돈 없어도 나눌 수 있는
행복으로 초대하는 밥
마음 열면 줄 수 있는
누구에게나 똑같은 밥

받는 맘에는 감사의 꽃
건넨 맘에는 행복의 꽃
먼저 주어야 할 인사밥
나중 먹어야 할 인사밥

인연은 기적

사람이 한평생 살며
밥 한 끼 같이 먹고
말 한마디 주고받는
인연이 몇 명쯤인지
그대 궁금치 않은가

발표된 세계 통계
삼천오백에서 오천여 명
세계의 총인구 70억
아시아 인구는 35억
한반도 인구 8천7백만
남한 5천만 명에 비추면
그대와 나 만날 확률은
세계 인구로는 140만 분의 일
남한 인구로서는 1만 분의 일

뜬 눈으로 보면 닳을 것 같은
여리고 아린 귀한 인연이기에
아예 눈 감고 마음으로만 본다

그대와 나의 만남은

이승에서 풀린 억겁의 살풀이

하루는 8만6천4백 초의 흐름

초당 4.1명 빛 보고 1.8명 어둠 맞는

윤회의 물비늘 타고 넘는 인생

은생어해恩生於害 해생어은害生於恩

그대와 나의 이승의 삶은

일만 분의 일에서 얽힌

봉생마중蓬生麻中 불부이직不扶而直

백사재날白沙在捏 여지구흑與之俱黑

그대의 수천 이랑의 밭에

뿌려진 나는 한 톨의 씨앗

친구로서 한세월 한바탕

연인으로서 한평생 한가슴

부부로서 일평생 한 몸

형제로서 한 시간 한줄기

자식으로서 생애 한 눈물

세상의 그 어떤 말로도

얘기될 수 없는 그대와 나

가슴 벅찬 기적의 인연

- 註

태어나 죽을 때까지 몇 명을 만나고 갈 것인가에 대한 궁금함과 의문은 인류의 공통된 관심사였다. 각 나라에서 설문 조사를 했다. 그 설문은 국제적인 통계로 나왔다. 3,500~5,000명 사이였다. 개인의 활동 폭과 깊이에 따라 그 숫자는 조금씩 달라진다. 하지만 5,000명을 넘지 않았다. 1,200명이 등장하는 암흑의 역사 『삼국지』 100년 동안 누구를 만나느냐에 따라 죽고 사는 일이 갈렸다. 한편 사람의 관계는 은생어해恩生於害 해생어은害生於恩이다. 영원한 은혜로움과 해로움이 없다. 더불어 인생은 『순자』 「권학편」에 나오는 글귀 "봉생마중 불무이직蓬生麻中 不扶而直 백사재날 여지구흑白沙在揑 與之俱黑"이다. 쑥이 삼밭에서 자라면 붙들어 주지 않아도 곧게 자라고, 흰 모래가 진흙 속에 있으면 함께 검어지듯이 우리의 인생은 누구를 만나느냐에 따라 재색명리財色名利가 달라진다. 인연은 그만큼 귀하고 아린 것이다.

절제

밥 한술 더 먹고픈 때
수저 젓갈 놓는 게
식객으로 가는 길

한 잔 술 더 당길 때
잔 엎고 돌아서는 게
주선酒仙에 이르는 길

길가의 꽃 꺾고플 때
오래 보겠단 맘먹는 게
욕망 벗고 가는 길

- 註

송년의 분위기에 들뜬 열락이 손짓할 때 밥과 술 그리고 여심으로부터 자유를 얻는 것은 절제이다. 밥 덜 먹으면 술 적게 먹게 되고 술 덜 먹으면 제정신 잃지 않으니까.

정담과 밥

삼시 세끼 밥
하루만 걸러도
한 끼만 떼어도
배 속은 후루덩

밥 먹듯 할 정담政談
불편할까 싸울까
말하지 말자 하니
머릿속은 휑그렁

밥과 정담은 생명줄
하루 거르고 한 끼 떼면
굴종과 압박 벗지 못해
영영 후루덩 휑그렁

중추절[1]

임의 반달
나의 반달
다정히 포개 이룬
팔월 한가위[2] 보름달

임의 웃음
나의 웃음
강강수월래 웃음꽃
팔월 한가위 함박웃음

임의 한가위
나의 한가위
늘편한 조상의 은혜
늘늘한 평안과 행복

---

1 중추절: 가을 석 달 중 가운데 달.
2 팔월 한가위: 8월 중 한가운데 보름날 하루. '한'은 가운데, 으뜸, 크다는 의미.

첫인상

출렁거린 맘
진정치 못해
들킬까 봐 긍긍대며
눈길 피했다

달콤한 말은
입술 묶이지만
말없는 눈은
마음 전하는 물까치다

들키지 않는 한
출렁거린 맘은
첫인상 잔흔 따라
저 혼자 너울춤 춘다

타박과 퉁박

뒤틀린 심사 엇갈린 행동
평정을 깨고 튀어나오니
타박 한 됫박 퉁박 한 됫박

타박이 퉁박을 불러오니
그대의 마음 이지러지고
내 맘 몽창 찌그러지네

타박하려는 심사 누르고
퉁박 주려는 마음 벗으니
그대와 나 한 됫박에서 웃네

- 註

강북구 도선사 입구에서 출발하는 101번 버스의 첫차가 늦게 출발했던 모양이다. 미아사거리역에서 타니 버스 안은 평소보다 번잡했다. 종암사거리를 지나 한 아저씨가 탄 후 버스 안에서 타박과 퉁박이 오고 갔다. “첫차가 시간을 맞춰야지 늦으면 어떻게 하느냐”는 말을 버스 운전자는 “신호를 무시하고 오라는 말이냐”로 받았다. 한 아주머니가 아저씨의 말을 거들었다. “첫차가 10분 이상 늦으면 어떻게 하느냐”면서 “서울시에 전화해야 한다”고 했다. 이어 여러 명의 아주머니들이 호응하며 한 마디씩 했다. 4시 출발의 첫차를 타는 사람들은 대부분 아침 일찍 출근하여 청소와 경비 그리고 막노동을 나가는 사람들이다. 나 역시 구청장 선거의 아픔을 추스르기 위해 민생 탐방으로 막노동을 하러 가는 길이기에 그 심정을 안다. 10분 늦으면 하루의 일상이 뒤틀린다. 버스운전자는 그 마음을 모범운전자라도 되는 듯이 받았다. 진실하지 못한 말은 통박이 되어 여러 됫박의 타박을 들어야 했다.

포옹

엄마와 아들의 포옹
저리저리 멍뜬 눈물
아침 햇살과 아침 이슬

세상에 눈 뜬 이래
수없는 포옹 봐 왔지만
저런 껴안음 못 봤다

둘이 아닌 하나
홀로 포옹하는 것이 뭔지
그 저릿함이 무언지
보여 준 엄마 포옹

- 註

"아들을 보러 왔습니다."

50대 초반 아주머니의 말씀이 의아스러웠다. 주말에 훈육주임으로 일하는 한국정보기술연구원에는 그런 학생들이 없을 것 같았기 때문이다. 한국정보기술연구원에서는 고등학교와 대학교에서 컴퓨터를 잘하는 학생 120명을 선발하여 10개월 정도 나름의 프로그램에 따라 훈련시킨 후 30여명을 선발하여 국가의 인재로 육성한다.
그런 곳이기에 출필고반필면出必告反必面을 하지 않을 학생들이 없을 것으로 생각했다. 더욱이 보이는 학생들에게 물으니 그 학생을 모른다기에 더욱더 그랬다.
아주머니는 아들의 휴대폰 번호를 눌렀다. 칸막이로 인해 서로 볼 수 없는 공간을 통해 반대편에서 엄마와 아들은 서로의 존재를 확인했다. 아주머니를 안내하면서 아들을 만나는 엄마의 눈을 봤다. 순수한 영혼의 동공이었다. 불과 20여 미터의 거리지만 세상에 그처럼 가뿐하고 빠른 걸음은 없었다. 포옹하려는 두 사람의 팔 벌림은 물창 튕기며 하늘로 오르는 백로의 날갯짓과 같았다. 엄마의 '아들' 하고 벌린 팔에 '엄마' 하고 안기는 아들의 모습에서 그리움과 평화 그리고 행복이 피어났다.
두 사람은 5분 만에 헤어졌다. 전북 익산에 사는 엄마는 주말에 서울에서 치르는 지인의 아들 결혼식에 왔다. 당초 결혼식만 참석하고 갈 생각이었다. 함께 온 친구들과 귀향할 버스표도 미리 끊어 놓았다. 그런데 아들이 너무 보고 싶어 버스표도 물리고 왔다는 것이다.
아들은 성균관대학교에 다닌다. 12월이 평가의 마지막 달이기에 그동안 엄마에게 전화로라도 출필고반필면을 제대로 하지 못했던 것 같았다. 엄마와 아들이 따뜻한 커피라도 한 잔 나눌 줄 알았는데 금방 헤어졌다. 승강기의 버튼을 눌러 주고 기다리는 사이 몇 마디 나눈 대화에서 그런 사정인 줄 알았다.
그들의 너무 짧은 만남에 "자식들이 부모 마음 어찌 알겠습니까."라고 말하자 그 엄마는 "충분해요."라며 바쁘다며 엄마를 일찍 보낸 아들이 혹시 엄마의 마음을 모르는 아들로 비칠까 봐 아들을 변명하며 짧은 만남의 아쉬움을 훌쳤다. 부모 마음이 그런 것이리라. 짧은 순간 엄마와 아들의 포옹 그리고 만남이 엄마의 포옹이란 시를 쓰게 했다. 둘이 하는 포옹보다 혼자 하는 포옹에 맑은 영혼의 꽃이 핀다는 것을 다시 느꼈다. 엄마와 아들은 객체로서는 둘이지만 영혼은 생과 사에서 영원히 하나일 것이다.

포용

팔 벌려 온 가슴으로 안아도
안을 수 없는 말과 행동
어찌할 수 없어 안타깝지만
제정신의 온전한 처신 아니라서

내키지 않은 언행으로
애써 밀쳐 내며
고쳐질 방법 찾지만 몰라
뜬눈으로 지새운 하얀 밤

생겨남이 부족하면 이해하고
언행이 모자라면 채울 수 있어도
술 중독 마약 정신이탈은
안기 어려운 아픈 생채기

멀쩡한 제정신도
손톱 밑 가시 모르는데
고삐 풀린 정신과 행동
눈 속 들보 알 수 있을까

포장마차

야근하다 허기진 배
치렁한 비닐 문 여니
졸린 주인 인사 뒤로
너릿한 빈자리 하나

술잔마저 재운 주객
여자 둘에 남자 하나
아장한[1] 여자의 타박만
까닭 없이 새벽을 부르고

뽀얀 김 피는 우동가락
내 목젖 타고 흐를 때
아롱아롱 대던 세상사
찬바람에 훌훌 날렸다

---

1 아장한: 키와 몸짓이 작은 여자를 표현한 말.

- 註

우리 삶에 포장마차는 어떤 의미를 가질까. 한 번쯤 가 봤을 그곳에는 언제 가게 되는가. 포장마차에는 이 세상의 그 어떤 향수보다 좋은 사람 냄새가 있다. 부딪히는 술잔 타고 흐르는 눈물과 회한 그리고 웃음이 우리의 인생이다.

피고 지고

한낮 무더운 방배동 거리
나란히 걷는 할머니와 손녀
피고 지는 능소화꽃이었다

할머니 발걸음 지난날 불러 세우고
손녀의 발걸음 나아갈 앞날 부르며
한 양산 아래 보폭 맞춰 걷는다

세상 이목에 비친 화무십일홍花無十日紅
피는 꽃보다 지는 꽃의 미학
피고 지는 꽃무리였다

피안 동지

언제 봐도 좋을
다시 보고 싶은
엊저녁 각시 품 같은
그대 그 이름 동지

첫사랑 열뜸
첫날밤 두근두근
첫 봉급 뿌듯함
몽땅 줘도 좋을 꽉 참

같은 맘 그리고 몸짓
맞잡아 흘리는 손땀
발맞춰 쏟는 발땀
새 역사 빚어내는 몸땀

속맘 털 동지 있어
한바탕 웃고 울며
행복한 세상 부르니
피안의 노을 붉네

학의 기도

외발의 청초한 자태
타는 갈증의 간절함
감초로운[1] 머릿결 쓸며
소담한 정성 모읍니다

주십시오 대신
드리겠습니다, 라는
열뜸 설렘 희망의
기도를 드립니다

끼루룩끼루룩 달라고
목울대 한껏 젖힐 때
천 년 학 당신만큼은
드리겠다고 말합니다

분주한 천상의 님
달라는 울음들은

---

1 감초로운: 감미롭고 향기로운 느낌을 시어로 줄인 말.

기억하지 못하지만

당신 말은 새깁니다

함께 쓰는 우산 1

달구비가 내리는 날
미아사거리역 출구에 사람들이
누군가를 기다린다

우산 펴고 주변 둘러보며
함께 쓰고 가자 눈짓해도
아무도 눈 맞춰 주지 않는다

누군가는 같은 방향이련만
함께 우산 쓸 마음 없기에
마중이나 비 그치기만 기다린다

진득하게 비 내리는데도
우산도 함께 쓰지 못하는 세상
주릭주릭 내리는 비에 씻겨라

함께 쓰는 우산 2

작달비[1] 쏟는 날
온몸 비 맞으며
걷는 사람 있어
함께 우산 씁니다

그는 힐끗 쳐다보며
가던 발길 떼고
된바람[2]에 내 어깨는
빗줄기에 젖습니다

함께 맞는 비를
말하는 세상이지만
함께 쓰는 우산을
말하고 싶습니다

---

1 작달비: 굵고 세차게 퍼붓는 비
2 된바람: 빠르고 세게 부는 바람

함께 쓰는 우산 3

우산 길이는 주인 맘 크기
대 중 소 따라 휴대 다르고
접히는 단수 따라 비 맞음 다르며
주인 맘 따라 색깔도 다르다

3단 우산은 가랑비의 약한 비
2단 우산은 궂은비의 중비
1단 우산은 작달비의 강한 비
장우산은 채찍 비에 거센 비
단우산은 웃비에 단비

약한 비에 함께 쓰는 우산
기댄 어깨에 빗물 적시고
거센 비에 같이 쓰는 우산
어깨 깃에 따스한 체온 흐른다

내 짧은 우산 먼저 펼 때
임의 긴 우산 활짝 펴지며
짧은 우산 긴 우산 되어

함께 쓰는 우산이 된다

호가호위狐假虎威

침묵하는 호랑이는
먼 산 바라보는데
여우는 길 가는 곰 붙잡고
오두방정 깨춤 춘다

휴대폰 까 들이밀며
제 말이면 다 되는 듯
문자와 동영상 보라며
거품 물고 떠든다

빈 깡통 요란하듯
허한 제 맘 채우려
침소봉대針小棒大 좌판에
인연들 싸구려로 깐다

- 註

프로는 묻지 않는 말에 대답하지 않고 필요하지 않는 말은 묻지 않는다. 반면 아마추어는 묻지도 않는 말을 자기 혼자 떠들며 필요하지 않는 말도 조잘조잘 물어댄다.

그 결과 말은 넘치지만 쓸 말은 없고 귓속만 어지럽다. 그 현상이 지나쳐 사회문제화 되고 있다. 심지어 대화하는 중에도 휴대폰에 눈을 박고 손가락 장난질을 한다. 그럴 것이면 아예 처음부터 만나지 말 것이지, 바쁜 사람 앞에 두고 마치 애첩의 엉덩이 치대는 장난질하듯 한다. 그것도 부족해서인지 누군가와 나눈 문자와 동영상을 보라며 들이민다. 순간 모골이 송연해진다. 내 문자도 누군가에게 저렇게 까대는 것이리라. 술에 진 사람을 알코올중독자라고 부른다. 휴대폰에 진 사람은 뭐라 부르며 어떻게 치료해야 하는가. 함께 풀어야 할 사회문제이다.

화로

가을비 내린 고물상 모롱이 끝
화려한 예전 영광 훌훌 떨친 채
세월 찾는 휴머니스트 기다리며
스산한 가슴 여미는 녹슬은 화로

한때 삼 칸 초가집 안방 차지한 후
온 가족 불러 모아 손불 쪼이고
토실한 밤톨 뽀연히 익혀 내듯
버겁던 희망의 삶 지긋이 달궜다

익은 밤 고르던 엄니 손 따라
막내의 눈알은 굴리어졌고
누이의 침도 꼴깍 넘어갔지만
그 밤은 아부지 자리로 갔다

엄니 맘 모른 체하던 아부지
옆자리 큰아들 자리로 옮기며
큰애야 동생들만 챙기지 말고
너도 한번 먹어 보라 하셨다

애련한 맘들에서 막 피던 웃음
이제는 아련한 추억이 되어
깨어진 고물상 화로를 사 들고
잃어버린 아부지 자릴 찾는다

콩알 사랑

실바람 불던 봄날
모래알 훤히 비치는
맑으막한 개울물에
떨어진 두 알의 콩

흠칫 놀라 시선 놓고
볼 듯 말 듯했던 부끄럼
청한 눈동자 둘 곳 몰라
몸 굴려 모래알에 숨고

둔한 모래바지 꼬리질
모래알 헤실헤실 들석임에
숨었던 콩알의 민낯 찾으니
기다린 콩알 웃으며 반긴다